Histórias de Shakespeare

Recontadas por
Samantha Newman

Ilustrado por
Khoa Le

Shakespeare's Stories
Copyright © Arcturus Holdings Limited

Os direitos desta edição pertencem à
Pé da Letra Editora
Rua Coimbra, 255 - Jd. Colibri
Cotia, SP, Brasil
Tel.(11) 3733-0404
vendas@editorapedaletra.com.br
www.editorapedaletra.com.br

Esse livro foi elaborado e produzido pelo

Autora: Samantha Newman
Tradução e Edição Fabiano Flaminio
Ilustrações Khoa Le
Design e Diagramação Stefan Holliland e Adriana Oshiro
Revisão Larissa Bernardi
Coordenação Fabiano Flaminio

Impresso no Brasil, 2021

Dados Internacionais de Catalogação na Publicação (CIP)
Angélica Ilacqua - CRB-8/7057

Newman, Samantha
 Histórias de Shakespeare / de William Shakespeare recontadas por Samantha Newman; ilustrado por Khoa Le ; tradução de Fabiano Flaminio. -- Brasil : Pé da Letra, 2021.
 128 p. : il., color.

Título original : Shakespeare's Stories
ISBN: 978-65-5888-206-6

1. Literatura infantojuvenil I. Título II. Shakespeare, William, 1564-1616 III. Le, Khoa IV. Flaminio, Fabiano

21-1394   CDD 028.5

Índices para catálogo sistemático:
1. Literatura infantojuvenil

Todos os direitos reservados. Nenhuma parte desta publicação pode ser reproduzida, armazenada em um sistema de recuperação ou transmitida, de qualquer forma ou por qualquer meio, eletrônico, mecânico, fotocopiador, de gravação ou outro, sem autorização prévia por escrito, de acordo com as disposições da Lei 9.610/98. Qualquer pessoa ou pessoas que pratiquem qualquer ato não autorizado em relação a esta publicação podem ser responsáveis por processos criminais e reclamações cíveis por danos. Esta editora empenhou-se em contatar os responsáveis pelos direitos autorais de todas as imagens e de outros materiais utilizados neste livro. Se, porventura, for constatada a omissão involuntária na identificação de algum deles, dispomo-nos a efetuar, futuramente, os possíveis acertos.

Índice

Introdução 5

A Comédia dos Erros 8

Romeu e Julieta 17

Trabalhos de Amores Perdidos 24

Sonho de uma Noite de Verão 33

O Mercador de Veneza 40

Muito Barulho por Nada 49

Do Jeito que Você Gosta 56

Noite de Reis 64

Hamlet 73

Otelo 80

Rei Lear 88

Macbeth 96

Antônio e Cleópatra 104

O Conto do Inverno 112

A Tempestade 120

Introdução

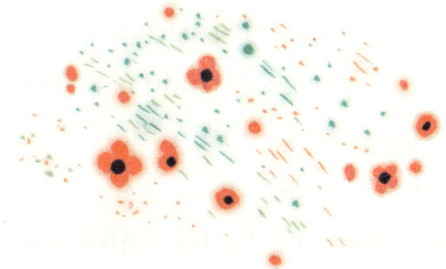

William Shakespeare nasceu há quase 500 anos, em Stratford-upon-Avon, na Inglaterra. Quando cresceu, ele se mudou para Londres para escrever peças - e era muito bom nisso! Ele escreveu 39 peças em sua vida, assim como muitos poemas, e suas peças eram realmente populares.

Quando pensamos em assistir a uma peça de teatro hoje em dia, podemos pensar em belos palcos internos, assentos macios e luzes brilhantes. Sabemos que devemos ficar quietos enquanto a peça está em cena e só fazemos barulho no final, quando aplaudimos. Na época de Shakespeare, os locais e as regras eram muito diferentes. Para começar, os palcos eram ao ar livre e a maioria das pessoas tinha que ficar de pé. Quanto a ficar em silêncio - era exatamente o contrário! O público adorava gritar, aplaudir e vaiar sempre que lhe dava vontade. Era mais como estar em um jogo esportivo do que nas peças que conhecemos atualmente.

Mas, mesmo tendo sido escritas em uma época muito diferente, as histórias de Shakespeare ainda são apresentadas em todo o mundo.

Então, o que torna estas histórias tão populares? Muitas pessoas acreditam que toda a vida pode ser encontrada nas peças de Shakespeare. Ele escreveu coisas que eram engraçadas, tristes, histórias de aventura, de amor e até mesmo histórias de fantasmas. Escreveu sobre pessoas de todos os estilos de vida, de reis a camponeses.

Então, talvez você queira ler sobre as brincadeiras em uma bela casa de campo em *Noite de Reis*? Ou a triste história de fantasmas de *Hamlet*? Talvez, você gostaria de ler a engraçada história de amor de *Muito Barulho por Nada*. Se você gosta de histórias com um pouco de magia, poderia tentar *A Tempestade*, que apresenta o mago Próspero e seu servo espiritual, Ariel. Ou *Sonho de uma Noite de Verão*, que é povoado por fadas que gostam de usar poções mágicas para pregar peças aos mortais. Todas estas coisas e muito mais estão vivas nas páginas deste livro - e foi Shakespeare quem as escreveu.

As peças de Shakespeare são amadas há tantos anos que seus personagens e palavras moldaram nosso mundo de hoje. Nestas páginas, você pode encontrar alguns personagens de quem já ouviu falar, como Romeu e Julieta, os jovens amantes de Verona, ou Macbeth, o senhor escocês faminto de poder, assim como pessoas que realmente existiam, como a rainha Cleópatra, do Egito.

Uma coisa para lembrar ao ler os contos de Shakespeare é que eles foram escritos há muito tempo, e para um público adulto. Ao recontá-los para as crianças de hoje, nós pulamos algumas partes dos contos, mas mantivemos todos os elementos-chave da história. Se algo em uma das histórias o preocupa, mostre essa história a um adulto de confiança e converse sobre isso. As histórias são para ser emocionantes, mas se você achar alguma delas muito assustadora, basta virar a página e escolher uma diferente.

Enquanto isso, instale-se e prepare-se para ser transportado para terras distantes, para se divertir e se aventurar com o elenco de personagens mais interessantes que você já conheceu.

A Comédia dos Erros

Há muito tempo, a cidade de Siracusa, na Sicília, estava em guerra com a cidade de Éfeso, na Grécia. O duque de Éfeso proibiu qualquer homem de Siracusa de entrar em sua cidade. A pena por infringir esta lei era a morte. Um dia, um homem idoso de Siracusa foi pego em Éfeso e arrastado diante do duque. O duque não era um homem indelicado.

- Não quero matá-lo. Por que você arriscaria tal coisa? - perguntou ele ao ancião.

O velho disse:

- Meu nome é Egeon e já fui comerciante. Viajei de porto em porto com minha esposa, vendendo os melhores vinhos. Minha esposa deu à luz meninos gêmeos em uma terra estrangeira. Outra senhora também deu à luz ao mesmo tempo que minha esposa. Ela também teve filhos gêmeos, mas não se sentiu abençoada. Em vez disso, ela chorou de preocupação, pois não tinha nada para alimentá-los e nenhuma maneira de ganhar dinheiro. Então, ofereci-lhe uma grande quantia em troca de seus filhos. Eles cresceriam para serem companheiros e servos para meus filhos e sempre seriam bem cuidados. A mulher aceitou na hora. Partimos para casa com quatro bebês meninos. Mas, o nosso navio bateu numa terrível tempestade. O navio se quebrou em pedaços, e todos nós caímos na água. Tudo o que eu conseguia pensar era em salvar os bebês.

Agarrei os dois mais próximos a mim – um era meu próprio filho e o outro era seu companheiro - e os amarrei, e a mim, na parte do mastro que flutuava perto. Eu vi minha esposa fazer o mesmo com os outros dois meninos. Esperávamos que os pedaços do mastro nos mantivessem flutuando tempo suficiente para encontrar a costa. Então, vimos dois navios vindo em nossa direção. Antes que eles chegassem até nós, uma onda enorme varreu entre nós e nos separou. Quando a onda passou, eu não podia mais ver minha esposa e os dois meninos, ou um dos navios. O navio perto de nós nos pegou e nos levou para casa. Sempre esperei que eles tivessem sido pegos por aquele outro navio, mas não ouvimos nada sobre eles. Já se passaram dezoito anos. Os rapazes e eu não podemos mais suportar isso. Precisamos descobrir o que aconteceu com minha esposa e os outros dois. Procuramos em todos os outros lugares, sem sorte. Então, decidi arriscar e procurar aqui, apesar do perigo.

O duque tinha escutado tudo isso e sentia pena do homem.

- Essa é uma triste história, de fato, meu amigo. Se você puder encontrar alguém para pagar sua fiança, pode ir em liberdade.

Egeon foi levado para a cadeia.

Enquanto isso, sem conhecimento de Egeon, seu filho remanescente, Antífolo, e o servo gêmeo remanescente, Dromio, tinham acabado de chegar a Éfeso também, para procurar seus irmãos e a mãe de Antífolo. Eles mal tinham entrado na cidade, quando uma senhora zangada lhes parou no caminho.

- Aí está você, Antífolo. Por que você demorou tanto? Eu enviei Dromio para encontrá-lo há muito tempo! O almoço está pronto, venha para dentro. Dromio, vigie a porta e não deixe ninguém entrar. Há séculos que não almoço tranquilamente com meu marido.

Antífolo e Dromio ficaram surpresos. Eles nunca tinham visto aquela senhora em suas vidas!

- É melhor fazermos o que ela diz - murmurou Antífolo - se ela está nervosa, não queremos enfurecê-la ainda mais.

Então, eles foram almoçar. Dromio ficou do lado de fora da porta. Para sua surpresa, um homem que se parecia com Antífolo apareceu e exigiu ser deixado entrar.

- Sinto muito, não posso - disse Dromio - meu mestre está lá dentro, almoçando com sua esposa.

- Dromio, o que há de errado com você? Eu sou seu mestre, Antífolo - exclamou o homem - sei que estou atrasado para o almoço, mas é porque estava encomendando um colar de ouro para Adriana, minha esposa.

Dromio não tinha certeza do que estava acontecendo, mas ele sabia que seu mestre já estava definitivamente lá dentro, então, recusou abrir a porta.

O que o pobre Dromio não entendeu foi que ele estava falando com um dos próprios homens que ele estava procurando. O gêmeo de Antífolo estava vivo e bem, e tinha vivido todo esse tempo em Éfeso, e também foi chamado de Antífolo!

Antífolo de Éfeso saiu bufando para encontrar seu almoço em outro lugar.

Enquanto isso, lá dentro, a senhora Adriana estava dizendo a Antífolo de Siracusa que ele deveria ser um marido melhor para ela.

- Você não me dá muita atenção e nunca me compra presentes - ela disse.

- Bem, não vejo por que eu o faria - respondeu Antífolo - você não é minha esposa.

Farto desta estranha senhora, ele se levantou para sair.

Ao passar pelo corredor, um ourives entrou pela porta dos fundos.

- Aqui está o colar que você pediu - disse ele, entregando a Antífolo uma corrente de ouro.

Antífolo se encontrou com Dromio na porta da frente.

- Vamos embora – disse Antífolo - todos aqui são estranhos. Você vai e nos encontra um navio e eu o encontro na doca.

Enquanto isso, Antífalo de Éfeso havia terminado seu almoço e decidiu voltar ao ourives e pegar o colar.

- Você já tem o colar - disse o ourives – mas, você me deve o dinheiro por ele.

11

Antífolo ficou furioso.

- Você está trapaceando! Não tenho o colar e não lhe pagarei até que o tenha feito.

O ourives também ficou muito zangado e chamou os soldados para prender Antífolo por não pagar suas contas.

Enquanto Antífolo de Éfeso estava sendo levado para longe, Dromio de Siracusa passava apressadamente.

- O que aconteceu? - perguntou Dromio - encontrei um navio no qual podemos viajar.

- Para que eu precisaria de um navio? - Antífolo respondeu rispidamente - leve esta chave para Adriana. Diga a ela que a chave abre uma gaveta em minha mesa e que lá haverá dinheiro suficiente para pagar minha fiança.

Dromio correu para fazer o que Antífolo lhe pediu. Mas, enquanto corria de volta com o dinheiro da fiança, passou por Antífolo de Siracusa, passeando livremente pelo mercado, usando o colar de ouro.

- Você está livre! - Dromio exclamou.

- Por que eu não estaria? - perguntou Antífolo - e por que você não está procurando um navio?

- Eu estava, eu lhe disse! - disse Dromio - mas você tinha sido preso, então queria dinheiro para a fiança!

Ambos os homens ficaram perplexos.

- Alguma magia está acontecendo aqui - afirmou Antífolo - e está nos impedindo de sair. Não devemos mais nos separar. Vamos nos unir e desembainhar nossas espadas.

Enquanto isso, Antífalo de Éfeso ainda estava esperando para receber a fiança. Dromio de Éfeso passeava por ali, tendo desfrutado de um almoço tranquilo.

- Onde você esteve? - Antífolo gritou - onde está o dinheiro da fiança?

Dromio de Éfeso não tinha ideia do que estava acontecendo.

- Que dinheiro da fiança? Por que você foi preso?

Antífolo bramou com fúria. Os soldados decidiram que ele devia estar se sentindo mal e chamaram sua esposa.

- Mas, eu acabei de dar a Dromio o dinheiro da fiança! - Adriana disse assim que chegou.

- Você não deu! - insistiu Dromio.

Adriana e Antífolo, ambos suspeitaram que Dromio poderia ter roubado o dinheiro, então, os soldados também o prenderam.

- Levem ambos para minha casa - disse Adriana - posso lidar com eles lá.

Os soldados concordaram e marcharam, deixando Adriana e o ourives segui-los.

Logo depois, Antífolo e Dromio de Siracusa passaram correndo com suas espadas desembainhadas.

Adriana suspirou:

- Eles escaparam! - exclamou ela.

O ourives marchou até Antífolo.

- Como você pode negar ter o colar? Você o está usando agora!

Antífolo levantou a sobrancelha.

- Eu nunca neguei ter o colar!

Com um rugido de frustração, o ourives sacou sua espada.

- Não lute contra ele! - Adriana gritou - Antífolo ficou claramente louco! Basta amarrar os dois novamente e levá-los para minha casa.

- Vocês é que são loucos! - gritou Antífolo.

Ele e Dromio fugiram e se esconderam em um convento.

Adriana e o ourives os seguiram. Quando chegaram, a abadessa do convento veio até a porta.

- Por favor, deixe-nos entrar. Você tem dois loucos lá dentro - disse o ourives.

- Não posso - disse a abadessa - eles vieram aqui por segurança.

Quando a abadessa voltou para o convento, Adriana cruzou os braços.

- Ela não tem o direito de manter meu marido longe de mim. Vou perguntar ao duque sobre isto. Olhe, lá está ele agora!

O duque tinha chegado para acompanhar o prisioneiro Egeon para ser executado, já que ninguém tinha pagado sua fiança. Quando soube do que estava acontecendo, ficou muito preocupado. Ele conhecia bem Antífolo e gostava muito dele. Então, pediu à abadessa que o trouxesse para fora, para que eles pudessem falar sobre as coisas. Assim que Antífolo e Dromio de Siracusa foram trazidos à tona, Antífolo e Dromio de Éfeso passaram correndo, tendo escapado da casa.

Todos olharam fixamente para os dois Antífolos e dois Dromios.

- O que está acontecendo? - gritou Adriana.

- GÊMEOS! - gritou o duque, batendo na coxa.

- Vocês devem ser os irmãos que temos procurado durante todo este tempo! - Dromio de Siracusa gritou.

- Pai, o que você está fazendo aqui? - Antífolo de Siracusa queria saber.

Mas, antes que Egeon pudesse responder, a abadessa passou à sua frente.

- O senhor teve uma vez uma esposa chamada Emília, que lhe deu à luz dois filhos?

- Tive - confirmou Egeon.

A abadessa retirou o hábito.

- Egeon! Sou eu, Emília! Eu me tranquei aqui sozinha todos esses anos. Pensei que todos vocês estavam perdidos. Não tinha ideia de que dois de nossos queridos meninos estavam nesta cidade!

Egeon caiu em seus braços e os irmãos se abraçaram. Após muitos erros e tanto tempo, a família estava reunida.

Romeu e Julieta

Era uma vez, na cidade de Verona, duas grandes famílias que estavam em guerra uma com a outra há tanto tempo quanto qualquer um se lembrava. Os Capuletos e os Montecchios se odiavam amargamente, e todos na cidade acabavam tomando partido. O Príncipe de Verona estava cansado de ter que parar as brigas que eclodiam nas ruas.

Em um dia de verão, o senhor Capuleto planejou uma grande festa. Um conde chamado Paris estava interessado em se casar com a filha de Capuleto, Julieta, e Lorde Capuleto planejava apresentá-los na festa.

Romeu Montecchio andava com seus amigos, Benvolio e Mercutio, quando souberam da notícia da festa.

- Por que não nos disfarçamos? - Mercutio sugeriu - imaginem o rosto do velho Capuleto quando descobrir, mais tarde, que um Montecchio estava em sua festa!

Naquela noite, a casa dos Capuletos estava vibrante, com luzes cintilantes e cheia de música. Os rapazes de Montecchio ajeitaram seus disfarces com cuidado e se infiltraram. Mercutio e Benvolio tiveram um momento brilhante, cantando e dançando.

Romeu estava um pouco mais nervoso, mas estava se divertindo olhando ao redor da festa. Então, uma garota cruzou seu caminho e ele congelou. Naquele

momento, ele foi atingido por um amor mais profundo e forte do que qualquer outra coisa que sentira durante toda a vida. Ele soube instantaneamente que eles estavam destinados a ficar juntos. Ela se virou e, quando seus olhos se encontraram, Romeu sabia que ela estava sentindo o mesmo que ele. Eles cruzaram o chão entre eles e, sem sequer dizer nada, se beijaram.

Se a sala tivesse pegado fogo e o céu tivesse caído, eles não teriam notado. No momento em que se beijaram, nada existia no mundo, exceto os dois. Então, ela foi afastada.

- Julieta Capuleto, o que você está pensando? Esse é Romeu Montecchio! - era a babá de Julieta que tinha falado.

Julieta era velha demais para precisar de uma babá, mas a bondosa senhora tinha se tornado uma grande amiga de Julieta e tinha ficado para trabalhar como sua empregada.

Julieta se engasgou, incapaz de acreditar que o menino perfeito que acabara de conhecer poderia ser um inimigo.

Romeu escutou as palavras da babá. "Ela pode ser uma Capuleto?", pensou, e seu coração afundou.

Quando Julieta foi afastada, seu primo, Tebaldo, viu Romeu e os outros meninos Montecchios.

- Como se atrevem a estragar nossa festa? - ele rosnou para seu tio, o pai de Julieta.

Ele queria expulsá-los naquele momento, mas o senhor Capuleto o impediu, não querendo que uma luta arruinasse sua festa.

Mesmo assim, quando os Montecchios perceberam Tebaldo olhando para eles, decidiram que era hora de partir.

Mas, por mais que tentasse, Romeu não conseguia tirar Julieta da cabeça. Ele acabou se esgueirando de seus amigos e voltando para a casa. Ele entrou nos jardins, olhando para os quartos e se perguntando qual quarto pertencia a Julieta.

Julieta apareceu em uma varanda.

- Romeu, Romeu - ela murmurou para si mesma - por que você deve ser Romeu? Por que esse tem que ser o seu nome? Por que me apaixono por um dos únicos rapazes da cidade a quem estou proibida de amar?

Romeu saiu do esconderijo.

- Se você não gostar do meu nome, eu o mudarei - disse ele.

Julieta gritou de surpresa.

- O que você está fazendo aqui? - ela sussurrou - os homens de meu pai matarão você se o encontrarem aqui.

- Não consegui ir embora - disse Romeu.

Ele subiu para a varanda e os dois compartilharam outro beijo.

Mas, então, a babá de Julieta veio procurá-la.

- Se você está falando sério sobre isso, me mande amanhã uma palavra sobre onde podemos nos casar - sussurrou Julieta.

- Mandarei! - prometeu Romeu, enquanto ele voltava a descer.

No dia seguinte, Romeu enviou uma mensagem secreta a Julieta, pedindo-lhe que se encontrasse com ele na capela naquele dia. Lá, eles estariam casados.

Julieta dificilmente poderia conter sua alegria enquanto corria para a capela. Frei Lourenço cumprimentou-os.

- Espero que um dia seu casamento seja conhecido em toda a cidade e, talvez, você possa reunir as duas famílias.

Eles estavam casados em segredo. Depois, Romeu teve que ir ao encontro de seus amigos, mas prometeu a Julieta que a visitaria mais tarde. Mercutio ficou emocionado ao ver Romeu e perguntou o que havia acontecido com ele depois da festa, mas a conversa deles foi interrompida por Teobaldo.

- Romeu! Você insultou minha família ao estragar nossa festa - rosnou ele - agora você deve lutar comigo.

Romeu não queria lutar com o primo de Julieta. Mas, ele sabia que ainda não podia contar a Tebaldo sobre seu casamento. Ele tentou correr, mas Teobaldo correu até ele, jogou-o no chão e começou a chutá-lo.

- Lute comigo, seu covarde! - Tebaldo gritou, enquanto Romeu tentava se cobrir, mas não fez nenhuma tentativa de revidar.

Tebaldo desembainhou sua espada.

- Romeu! Lute! Romeu, o que há de errado com você? - Mercutio gritou.

Enquanto Romeu ainda não revidava, Mercutio desembainhou sua própria espada e pulou na sua frente.

Ele e Tebaldo lutaram ferozmente.

- Eu vou matar você primeiro e, depois, vou matar Romeu - gritou Tebaldo.

- Gostaria de ver você tentar - riu Mercutio.

Mas, um momento depois, a espada de Tebaldo golpeou Mercutio em seu estômago, e ele desmaiou, sangrando.

- Não é tão ruim assim, é apenas um arranhão - brincou ele.

Mas, quando Romeu correu para cuidar dele, viu que a ferida era mortal.

- Sinto muito Mercutio, isto é culpa minha! - Romeu chorou.

- Sim, é - concordou Mercutio, toda a alegria desapareceu pela primeira vez em sua vida - é sua culpa, todos vocês Montecchios e todos vocês Capuletos. Juntos, vocês me mataram. Eu amaldiçoo suas duas famílias.

Com um grito de raiva e dor, Romeu se levantou, desembainhou sua espada e atacou Tebaldo, que tentou lutar contra ele, mas a raiva de Romeu o tornou mais forte. Ele apunhalou Tebaldo, que caiu morto.

Só então Romeu sentiu o horror do que havia feito.

- Matei o primo de minha querida Julieta - gemeu ele para si mesmo.

Ele fugiu, quando os soldados vieram para prendê-lo.

A notícia da última luta entre Montecchios e Capuletos espalhou-se pela cidade, e logo Julieta soube que seu primo havia sido morto por seu novo marido. Ela chorou amargamente, convencida de que iria perder seu primo e seu marido em apenas um dia.

Horas mais tarde, Romeu entrou no terreno da casa de Julieta e subiu novamente para a varanda dela.

- Julieta, lamento muito - começou ele.

Mas, ela se jogou em seus braços.

- Estou tão feliz que você esteja a salvo!

Eles se abraçaram e confortaram um ao outro.

- Mas, você não pode ficar aqui - soluçou Julieta - você será preso se alguém o vir. Você deve deixar a cidade. Quando tudo isso tiver passado, você poderá voltar e contaremos a nossos pais sobre nosso casamento. Então, viveremos felizes para sempre como marido e mulher!

Assim, Romeu fugiu da cidade de Verona, com a ajuda de Frei Lourenço e foi ficar em Pádua.

Mas, as esperanças de Julieta de esperar que a tempestade passasse foram frustradas quando seus pais a convocaram:

- Julieta, boas notícias! - anunciou a senhora Capuleto - o Conde Paris concordou em se casar com você!

- O quê? - engasgou-se Julieta.

- Isso mesmo! Seu casamento é amanhã - disse Lorde Capuleto.

- Mas, eu não posso! Eu não quero isso! - gritou Julieta

Seus pais se enfureceram quando exigiram que ela se casasse com seu amigo e Julieta insistiu que ela não o faria. Ela saiu correndo de casa em lágrimas e foi direto a Frei Lourenço para pedir-lhe ajuda.

O bom frade sabia exatamente do que ela precisava. Uma poção especial que a mandaria para um sono profundo.

- Sua respiração vai parar, sua pele vai esfriar e você vai parecer estar morta - disse-lhe ele - vai durar o tempo suficiente para que eles a deitem na igreja. Quando estiveres só, acordarás e, então, a levaremos para ir e ficar com Romeu em Pádua.

Julieta pegou a poção e correu para casa. Enquanto isso, o Frei enviou um mensageiro para ir procurar Romeu e contar-lhe o plano, para que ele não ficasse alarmado se soubesse que Julieta estava morta.

A primeira parte do plano correu perfeitamente. Julieta tomou a poção. Seus pais logo a encontraram e acreditaram que ela estava morta. Eles a colocaram para descansar na igreja, antes do funeral que deveria ter acontecido no dia seguinte.

Mas, o mensageiro de Frei Lourenço estava atrasado e, antes de chegar a Pádua, Romeu tinha ouvido a notícia de que Julieta Capuleto estava morta.

- Isto não pode ser! - Romeu chorou.

Ele correu de volta para Verona e já sabia que se Julieta estava morta, sua vida não significava nada para ele. No caminho, ele parou na loja de um homem velho que vendia poções e remédios. Lá, comprou veneno.

Chegou à igreja para encontrar Julieta deitada, fria e quieta.

- Como isso aconteceu? - Romeu lamentou - nunca deveria ter deixado você, nunca!

Ele segurou Julieta por perto, beijou-a uma última vez e, depois, destampou o veneno e engoliu de em um só vez. Ele morreu um momento depois, com seus braços ainda em torno de Julieta.

Pouco depois, Julieta despertou. Ela gritou alto enquanto se encontrava nos braços de Romeu já sem vida.

- Romeu, o que você fez? - chorou ela.

Ela viu a garrafa de veneno e entendeu o que devia ter acontecido. Ela virou a garrafa, na esperança de que restassem algumas borras para ela engolir, mas não havia nada. Em desespero, ela agarrou a adaga de Romeu e se apunhalou.

Mais tarde, os dois amantes foram encontrados juntos, e Frei Lourenço contou a suas famílias o que havia acontecido. O Duque de Verona repreendeu os Montecchios e os Capuletos por todas as vidas perdidas durante suas brigas tolas, e eles resolveram fazer as pazes em memória dos pobres Romeu e Julieta mortos.

Trabalhos de Amores Perdidos

Há muito tempo, um jovem rei chamado Ferdinando governava o reino francês de Navarra. Ele gostava de ler e pensar sobre todas as grandes questões da vida. Ele tinha três amigos, Biron, Dumaine e Longaville, que também estavam muito interessados em ler, escrever e falar sobre essas coisas.

- Como o mundo seria muito melhor se todos pudessem se concentrar na leitura e na aprendizagem - disse Biron um dia.

- Mas, o mundo está cheio de distrações - suspirou Longaville.

- Bem, então, não nos permitiremos ter distrações - disse o rei Ferdinando - sem festas, sem passeios, nada além de estudo.

- E as meninas? - perguntou Dumaine - podemos ir e vê-las?

- Não, especialmente as meninas! - Ferdinando disse - na verdade, farei um decreto. Não iremos nos aproximar das mulheres durante os próximos três anos.

Os outros três pensaram que era um excelente plano e aplaudiram.

- Todo o reino deve obedecer! - anunciou Ferdinando - nenhum homem poderá cortejar uma mulher. Qualquer um que o fizer será preso.

As novas regras não eram populares no reino e muitas pessoas decidiram quebrá-las em segredo. Uma senhora chamada Jacquenetta tinha dois admiradores - um camponês

chamado Costard e um lorde espanhol, Don Armado. Costard amava tanto Jacquenetta que não suportava ficar longe e se esgueirava para visitá-la. Costard foi pego e preso. Don Armado foi colocado no comando de sua punição. Don Armado riu enquanto via uma chance de cortejar Jacquenetta. Ele escreveu-lhe uma carta de amor e disse a Costard que seu castigo era entregá-la.

Logo depois que a nova regra foi posta em prática, a princesa da França chegou com suas três damas de companhia, Rosaline, Katherine e Maria. Elas haviam planejado ficar no palácio, mas por causa das novas regras, foram afastadas dos portões e receberam lugares para ficar a uma milha da corte.

As senhoras não se sentiram muito bem-vindas. Uma vez que haviam deixado todas as suas coisas na pensão, foram ao encontro do rei e de seus homens.

Ferdinando não queria se encontrar com um grupo de damas, mas também não queria ser rude com a princesa.

- Vamos apenas cumprimentar educadamente e, depois, voltaremos aos nossos livros - disse com severidade aos outros homens.

Mas, quando as damas entraram, Biron não conseguia tirar os olhos de Rosaline.

- Ela é a senhora mais maravilhosa que já conheci - murmurou para si mesmo - malditas sejam as regras, devo dizer a ela como me sinto.

Assim, ele escreveu uma carta de amor e chamou Costard, para entregá-la a Rosaline. Costard estava a caminho para entregar a carta de Don Armado a Jacquenetta. Ele levou a carta de Biron, ou seja, para entregá-la depois. Mas, ele entregou a Jacquenetta a carta errada! Ela ficou chocada ao abri-la e perceber que era endereçada a uma senhora chamada Rosaline e decidiu levá-la ao rei.

Enquanto isso, Biron já estava escrevendo uma segunda carta de amor. Ele ouviu alguém chegando, então, correu e se escondeu atrás de uma estante. O rei Ferdinando entrou pela porta e foi direto para a escrivaninha.

- Minha querida princesa - ele disse em voz alta enquanto rabiscava - jurei amor, mas meus sentimentos são fortes demais para serem ignorados. Você é a mais perfeita.

Ferdinando fez uma pausa repentina. Ele tinha ouvido os passos no corredor. Ele correu para se esconder, ainda não vendo que Biron já estava escondido na sala.

Longaville apareceu, com um ar de mudança. Rastejou até a escrivaninha, puxou uma caneta e papel e, depois, suspirou profundamente enquanto começava a escrever. "Maria. Será possível para um anjo como você amar um homem como eu? Eu mal consigo respirar por pensar em você, e..."

Longaville também parou. Mais passos estavam soando do lado de fora da porta. Ele pegou seu papel e correu para se esconder, não vendo Biron ou Ferdinando já escondidos. Dumaine marchou para dentro da sala.

- Katherine! - ele lamentou - minha adorável Katherine! Não posso ficar quieto. Devo declarar meu amor, mesmo que me acorrentem!

Ele pulou de susto enquanto Longaville saltava de seu esconderijo.

- Você quer dizer que também está apaixonado? - gritou Longaville.

- Sim - respondeu Dumaine, quando ele se recuperou do choque - estou apaixonado por Katherine e não posso evitar.

- E eu, estou apaixonado por Maria - confidenciou Longaville - talvez se nós dois fôssemos conversar com Ferdinando sobre isso, ele poderia ver que...

- Ver o quê? - Ferdinando perguntou enquanto saía de seu esconderijo - vi que ambos quebraram seu juramento? Que vergonha para vocês! As senhoras mal estão no reino há cinco minutos e vocês dois desmoronaram!

O rei falou mais severamente, mas ele tinha vergonha de si mesmo, pois sabia que também tinha cedido muito rapidamente.

Neste ponto, Biron saiu de seu esconderijo e limpou sua garganta.

- Ah é, Vossa Majestade. Não há outra coisa que você gostaria de dizer?

- Biron! - exclamou o rei - não tinha ideia de que você estava aí.

- Eu sei - disse Biron, com um sorriso manhoso - caso contrário, você não teria declarado seu amor pela princesa em voz alta antes que Longaville entrasse.

Ferdinando ficou vermelho de vergonha.

- Seu hipócrita! - Dumaine gritou - você nos repreende enquanto está fazendo a mesma coisa!

Ferdinando baixou sua cabeça de vergonha.

- É verdade, queridos amigos, sou tão fraco quanto vocês.

- Parece que só eu tenho força para resistir aos encantos de nossas convidadas - sorriu Biron.

Nesse momento, Jacquenetta entrou.

- Oh, Vossa Majestade, tenho andado à sua procura! - exclamou ela, enquanto o cumprimentava - esta carta de amor foi-me entregue por engano, mas era para a senhora Rosaline. Alguém mais tem quebrado suas regras.

Foi a vez de Biron corar e seus amigos não perdoaram.

- Por que você parece tão estranho, Biron? - perguntou Longaville.

- Poderia ser que você tenha escrito esta carta? - Dumaine disse, sorrindo.

- Vamos dar uma olhada - Ferdinando estendeu a mão para pegar a carta - obrigado, Jacquenetta.

Mas, antes que Ferdinando pudesse lê-la, Biron mergulhou para a carta, pegou-a e a rasgou em pedaços.

- Nenhuma prova de nada! - gritou ele - ainda sou o melhor!

Dumaine se atirou para o chão.

- Oh, realmente? Então por que este pedaço diz: 'Eu a amarei para sempre, Biron?'

Dumaine, Longaville e Ferdinando se mataram de rir.

- Hora de descer do seu salto alto, Biron, somos todos tão maus quanto uns aos outros! - Ferdinando brincou.

Biron começou a rir, também. Eles riram tanto que Jacquenetta ficou bastante confusa e saiu da sala o mais rápido que pôde.

- Talvez, Majestade, a melhor maneira de entender o sentido da vida é entender a verdadeira beleza e o amor - disse Biron.

- Você está certo - respondeu Ferdinando - cortejemos nossas damas, em nome do conhecimento!

Notícias do que aconteceu entre o rei e seus amigos chegaram aos ouvidos da princesa e suas damas. A princesa riu.

- Oh, estes homens tolos. Eles nos enganaram - e para quê? Todos eles se apaixonaram por nós!

- Eles são tolos, mas estou feliz - confessou Maria - realmente gosto muito de Longaville.

- E eu, de Biron - acrescentou Rosaline.

- E eu, de Dumaine - Katherine confessou.

- E devo dizer que acho que amo o rei Ferdinando - disse a princesa - mas não podemos simplesmente deixá-los nos enganar desta maneira, sem consequências.

Todas as damas concordaram, então, decidiram usar máscaras e trocar de roupa.

- Eles não terão ideia de quem é quem - Rosaline riu.

- Sim, todos eles estarão declarando amor à garota errada! - gritou a princesa - como se sentirão tolos quando lhes contarmos!

Quando os homens chegaram para cortejar suas damas, eles ficaram realmente confusos com os disfarces e cada um deles foi até a senhora errada para declarar seu amor.

Eventualmente, depois que as senhoras se divertiram muito, todas se reuniram no canto da sala para sussurrar.

- O rei me declarou seu amor - sussurrou Katherine.

- E Dumaine, para mim - sussurrou Rosaline.

- E Biron, para mim - Maria comentou.

- E Longaville para mim - disse a princesa, com um sorriso - muito bem, é hora de acabar com a miséria deles.

As mulheres se viraram e tiraram suas máscaras. Os homens viram que tinham sido enganados e gritaram de consternação.

- Acalmem-se, estávamos apenas nos divertindo um pouco - disse a princesa, rindo – a verdade é que eu te amo, Ferdinando.

- E eu te amo, Longaville - disse Maria.

- Eu te amo muito, Dumaine - disse Katherine.

- Biron, eu te amo - disse Rosaline.

Os quatro casais correram um para o outro e se abraçaram, mas antes de terem a oportunidade de celebrar, um mensageiro entrou correndo.

- Princesa, trago notícias tristes. Seu pai está morto.

A princesa entrou em pânico.

- Devemos voltar para casa imediatamente!

Quando suas damas começaram a fazer as malas, a princesa olhou para os quatro homens, que estavam oferecendo sua simpatia.

- Haverá muito o que fazer em casa agora. Eu não terei tempo para o amor neste tempo escuro. Minhas senhoras e eu voltaremos aqui daqui a um ano. Durante esse ano, vocês não devem amar outras senhoras. Se, quando esse ano terminar, vocês permanecerem fiéis a nós, então, conheceremos a verdadeira natureza do amor e nos casaremos.

Os homens concordaram com isso e prometeram a suas damas que esperariam. E assim, os amantes disseram adeus. Foi estranho para eles terem encontrado o amor e, depois, se separarem. Mas, eles sabiam que se conseguissem passar o ano, seu amor significaria ainda mais para eles.

31

Sonho de uma Noite de Verão

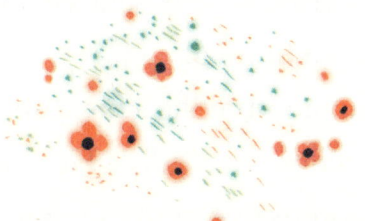

Há muito, muito tempo, perto da cidade de Atenas, vivia uma menina chamada Hérmia. Tinha chegado a hora dela se casar e seu pai, Egeus, queria que ela se casasse com um jovem chamado Demétrio. Hérmia recusou e disse a seu pai que estava apaixonada por um jovem chamado Lisandro. Egeus estava determinado a casá-la com Demétrio e apelou para duque Theseo, o governante da cidade.

O duque ordenou que Hérmia se casasse com Demétrio, ou então se tornaria freira. Hérmia contou a Lisandro o que havia acontecido. Os amantes planejaram fugir naquela noite. Então, quando o Sol se pôs, Hérmia escapou para visitar sua melhor amiga, Helena, uma última vez. Como aconteceu, Helena estava realmente apaixonada pelo próprio Demétrio. Quando Hérmia contou a Helena o plano de fugir, ambas as garotas esperavam que Demétrio pudesse esquecer Hérmia e aprender a amar Helena.

- Que eu possa ir atrás de minha felicidade e trazer a sua - disse Hérmia enquanto elas se abraçavam e se despediam.

Quando a lua se levantou, Hérmia e Lisandro correram para o bosque. Eles tentaram correr o mais longe possível, mas logo ficaram perdidos na escuridão.

Na manhã seguinte, Helena esperou do lado de fora da casa de Hérmia e se levantou quando Demétrio se aproximou.

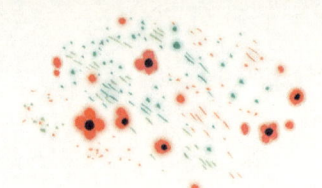

- Ela não está aqui - disse Helena.

Demétrio franziu a sobrancelha.

- O que você quer dizer com isso?

- Hérmia fugiu com Lisandro ontem à noite - disse Helena - sinto muito, Demétrio. Eles farão qualquer coisa para estar juntos. Talvez você devesse esquecê-la.

- Eu irei atrás dela! - Demétrio declarou, para consternação de Helena - devo deixá-la saber a força dos meus sentimentos.

Com isso, ele se atirou para a floresta.

"Se ele seguirá Hérmia para mostrar-lhe a força de seus sentimentos, então, devo segui-lo para mostrar-lhe a força dos meus", disse Helena a si mesma.

Mal sabiam estes quatro jovens que nem tudo estava bem na floresta. O rei e a rainha das fadas daquele reino arborizado, Oberon e Titania, estavam lutando.

- Titania, entregue aquele amuleto mágico, agora - disse Oberon trovejando.

- Você não precisa dele - disse Titania - você tem toda a magia que poderia querer. Além disso, eu gosto da maneira como brilha na luz.

- Dê-me ou arrependa-se - rosnou Oberon.

Titania riu na cara dele e voou para fora da clareira.

Oberon rosnou para si mesmo. "Vou fazê-la arrepender-se disso".

- Puck! - ele bateu palmas e Puck, seu pequeno e atrevido criado de fada, apareceu. Puck fez uma reverência.

- Em que posso ajudá-lo, vossa majestade?

Oberon pensou muito, depois deu um sorriso maldoso.

- Puck, traga-me algumas pétalas de amores-selvagens roxas. Eu vou fazer uma poção de amor.

Puck partiu, e Oberon riu ao pensar no que ia fazer. Mas, então, ele ouviu alguns passos. Tornando-se invisível, espreitou através das árvores o casal que se aproximava.

- Por que você me seguiu? - Demétrio gritou para Helena - eu nunca vou amá-la. Como poderia? Você não é nada comparada a Hérmia.

Os olhos de Helena se encheram de lágrimas.

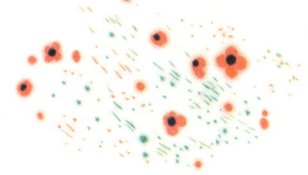

- O que você sente por Hérmia é o que sinto por você - ela chorou - como você se sentiria se ela lhe dissesse tais coisas sobre Lisandro?

- Hérmia e eu deveríamos estar juntos - disse Demétrio, teimosamente.

Ele fugiu, com Helena em perseguição. Enquanto isso, Puck voltou.

- Eu tenho as flores, sua alteza.

- Excelente - disse Oberon - vou levar algumas e encontrar Titânia. Mas, você também leve algumas. Há um jovem rapaz e uma moça de Atenas vagando no bosque. Ela o ama, mas ele não lhe dá bola. Espere até que o rapaz adormeça e, depois, deixe cair um pouco em suas pálpebras. Então, talvez, ele dê à garota a atenção que ela deseja.

- Seu desejo é uma ordem! - disse Puck, curvando-se.

Oberon tomou um pouco do suco de flores e rastejou em direção ao local de soneca de Titania, na margem do rio. Lá estava ela deitada, dormindo tranquilamente. Oberon deixou cair o suco em suas pálpebras e cantou: "Aquele que você vir quando acordar, /será aquele que você amará loucamente. / E só para tê-la de volta, minha querida, / acorde quando algo feio estiver próximo.

Ele se escondeu nas árvores, resmungando para si mesmo. "Espero que ela acorde quando um javali passar".

Enquanto isso, Puck cruzou não com Demétrio e Helena, mas com Lisandro e Hérmia, descansando um pouco. "Aquele menino está vestindo roupas atenienses", Puck murmurou para si mesmo. "Ele deve ser aquele que Oberon queria dizer".

Ele deixou cair o suco nos olhos de Lisandro. Nesse momento, passaram correndo Demétrio e Helena.

- Pela última vez, deixe-me em paz! - Demétrio gritou.

Helena parou, sem fôlego.

- Oh, isto é inútil.

Ela virou e viu Lisandro, adormecido no chão.

- Lisandro! - exclamou ela - você está bem?

Lisandro piscou os olhos.

- Helena! Meu amor, correria através do fogo por você. Onde está Demétrio? Lutarei contra ele por desrespeitá-la desta maneira!

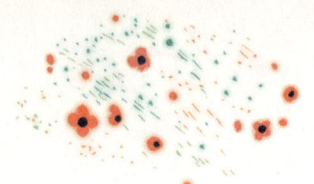

Helena se engasgou.

- Mas, e Hérmia?

- Quê, esqueça Hérmia?- disse Lisandro - é você quem eu amo!

Os olhos de Helena encheram-se de lágrimas mais uma vez.

- Você está zombando de mim. Já não basta que Demétrio me despreze?

Ela fugiu, chorando. Lisandro a perseguiu, deixando Hérmia sozinha.

Pouco tempo depois, Hérmia acordou.

- Lisandro? Onde você está? - ela foi procurá-lo.

Enquanto isso, um grupo de atores estava ensaiando uma peça de teatro sobre o amor. Puck estava ouvindo e decidiu fazer uma brincadeira. Ele usou sua magia de fada para dar a um dos atores, Bottom, uma cabeça de burro! Então, ele o levou até onde a rainha Titania ainda dormia. "Oberon vai ficar tão contente comigo!" Puck resmungou.

Poucos momentos depois, Titania acordou e, prontamente, se apaixonou por Bottom. Ela chamou suas servas para cuidar dele e trazer-lhe frutas.

Puck alegremente foi dizer a Oberon o que ele havia feito. Enquanto mestre e criado riam de seus truques, Demétrio e Hérmia apareceram. Oberon disse:

- Olha, lá está ele!

Puck franziu a sobrancelha.

- Não, não era esse!

Demétrio estava implorando a Hérmia que o amasse, mas ela só conseguia pensar no seu amante Lisandro desaparecido. Ela fugiu de Demétrio. Ele suspirou para si mesmo, perguntando-se se valia a pena segui-la quando ele não podia fazer com que ela se importasse. Ele estava cansado de persegui-la e decidiu tirar uma soneca.

Quando Demétrio adormeceu, Oberon virou-se para Puck.

- O que você fez? Este era quem estava destinado a se apaixonar por Helena. Você deve ter colocado isso em outra pessoa! Vá procurar Helena agora e eu colocarei a poção do amor em seus olhos.

Puck saiu correndo e Oberon jogou o suco nos olhos de Demétrio adormecido.

Puck voltou apressado alguns minutos depois, com Helena e Lisandro a reboque. Helena ainda estava angustiada, acreditando que Lisandro estivesse tirando sarro dela.

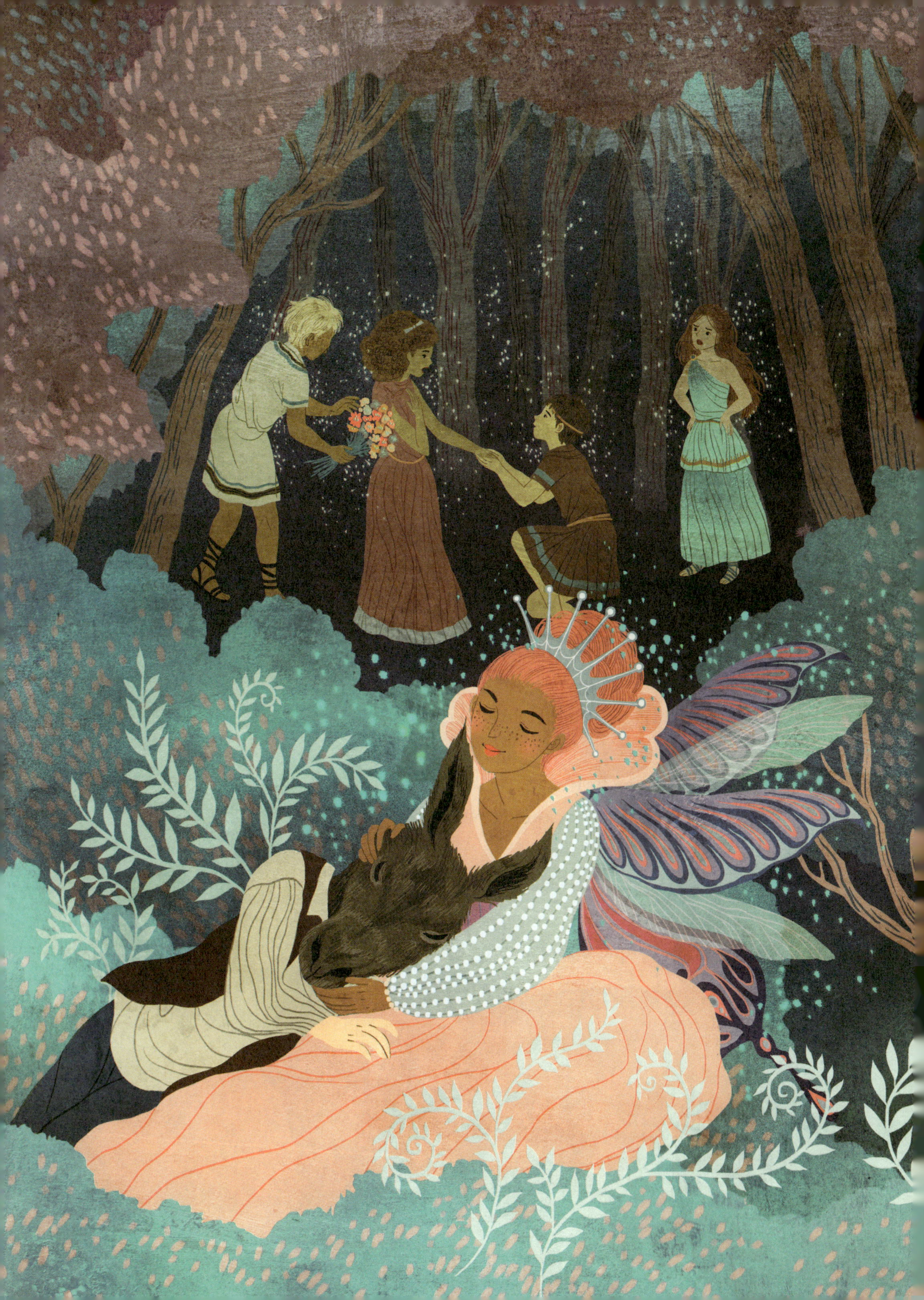

Demétrio acordou enquanto falavam ao seu lado.

- Linda Helena - gritou ele - o verdadeiro amor de minha vida.

Helena corou enquanto olhava fixamente entre os dois jovens.

- Vocês dois estão zombando de mim! - lamentou ela - por quê?

Lisandro franziu a sobrancelha para Demétrio.

- Sim, por que você está fazendo isso? Todos nós sabemos que você ama Hérmia e tenho boas notícias para você: você pode ficar com ela. Eu sempre amei Helena.

Demétrio amuou.

- Mas, eu não quero Hérmia. Na verdade, eu sempre amei Helena.

- Ele está mentindo, Helena - disse Lisandro.

- Não, você quem está mentindo - retrucou Demétrio.

Naquele momento, Hérmia apareceu através de uma mata de árvores, assustando os três amantes confusos.

- O que todos vocês estão fazendo? Lisandro, por que você me deixou? - perguntou ela.

- Porque, porque eu amo Helena, é claro - respondeu Lisandro.

Helena bateu o pé forte.

- Vocês estão todos juntos nisto, para gozar de mim!

- Não! - Hérmia gritou - você está com inveja de que ambos me amam!

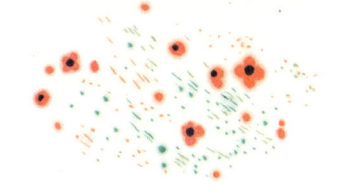

Os dois garotos juraram que amavam mais Helena e saíram para fazer um concurso para provar seu amor. Deixadas sozinhas, as meninas acusaram uma à outra de ser mentirosa e se afastaram.

- Puck, seu idiota - riu Oberon - isto é uma bela bagunça, mas eis como vamos resolver isto. Espere até que Lisandro adormeça, depois jogue esta poção em suas pálpebras. Ela vai desfazer o efeito do suco roxo e tudo ficará bem.

Puck seguiu os amantes briguentos pela floresta até que, finalmente, Demétrio e Lisandro cansaram-se de brigar, Helena desistiu de tentar encontrar sua saída e Hérmia desistiu de tentar encontrar Lisandro. No escuro, os quatro jovens não viram que se deitavam para dormir um ao lado do outro!

Puck se levantou, deixou cair a poção sobre as pálpebras de Lisandro e saiu correndo novamente. Em seguida, Puck e Oberon foram rir de Titania, que estava dormindo profundamente, com Bottom enrolado nos braços.

- Oh, isto me fez sentir muito melhor - riu Oberon - pobre Titania. Como posso estar com raiva dela agora?

Ele deixou cair o remédio em suas pálpebras, e ela acordou.

- Oberon, meu amor! - Titania bocejou - tive o sonho mais estranho, de estar apaixonada por um burro!

- Não foi um sonho, minha senhora - sorriu Puck.

Titania gritou quando viu Bottom em seu colo, fazendo com que ele acordasse. Puck tirou a cabeça do burro de Bottom e o mandou de volta para os outros atores.

- Você teve uma noite e tanto - riu Oberon.

Enquanto isso, os quatro atenienses adormecidos foram despertados por Theseo e sua corte vindo para assistir à peça. Egeus ficou furioso ao encontrar sua filha com Lisandro, mas quando Demétrio explicou que ele realmente amava Helena, os mais velhos concordaram que Hérmia poderia se casar com Lisandro e Demétrio poderia se casar com Helena.

Todos os casais ficaram felizes assim que os atores começaram a performar a peça. Mal sabiam eles que ela estava sendo observada por vários outros olhos, no fundo do bosque…

O Mercador de Veneza

Era uma vez uma senhora rica e inteligente chamada Portia. Ela vivia em uma grande propriedade fora da cidade italiana de Veneza. Ela tinha sido muito próxima de seu amado pai, cujo último desejo era que ela se casasse com um bom homem para que pudesse conhecer a felicidade de um bom casamento. Ele havia deixado instruções em seu testamento para ajudá-la a julgar potenciais pretendentes para garantir que fossem dignos de se casar com Portia.

Portia leu o testamento de seu pai e viu que ele havia mandado trazer três baús para a casa. Um era feito de ouro, outro de prata e o outro de chumbo. Ele havia escrito que os pretendentes de Portia deveriam escolher um dos três baús. Se escolhessem o correto, então, poderiam se casar com Portia, que ficou surpresa com isso. Ela esperava que um jovem de Veneza chamado Bassiano pudesse ser o homem com quem ela se casaria.

Quando Bassiano soube do testamento, planejou visitar Portia imediatamente. Ele realmente gostava muito de Portia e esperava casar-se com ela. O único problema era que ele era muito pobre e não tinha dinheiro para viajar até a propriedade dela. Seu amigo, Antônio, que era comerciante, muitas vezes o ajudava quando ele não tinha condições de pagar as coisas. Bassiano foi até ele.

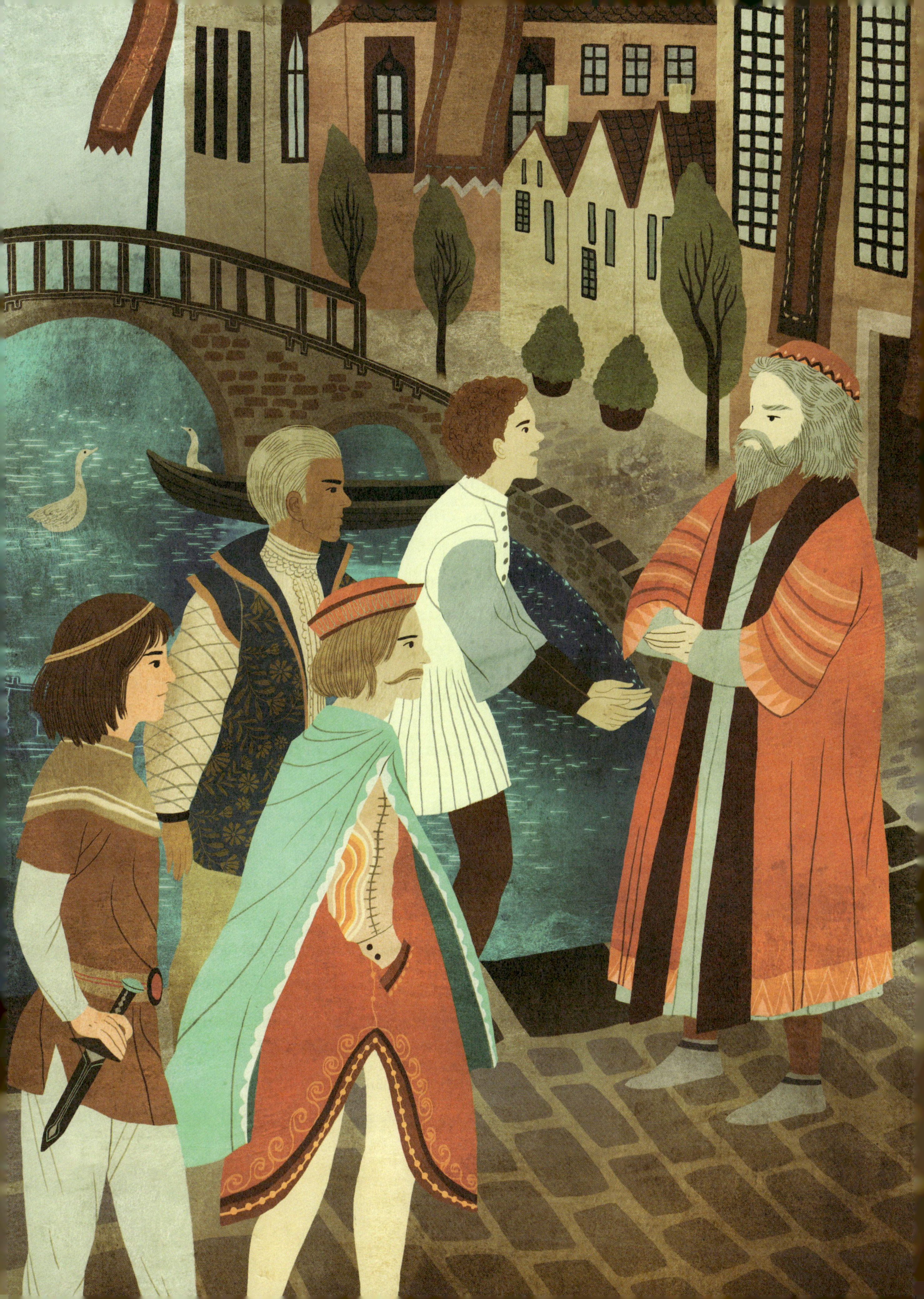

- Antônio, preciso de algum dinheiro para viajar até a propriedade de Portia.

Mas, Antônio tinha seus próprios problemas.

- Desculpe, Bass. Meus navios não voltaram de sua última viagem. Quando eles chegarem aqui, poderei dar-lhe tanto dinheiro quanto você quiser. Mas, até que eles cheguem, estou tão pobre quanto você.

Bassiano ficou triste.

- O que eu posso fazer? Esta é minha chance de me casar com a garota que amo.

- Por que não pedimos a Shylock? - sugeriu Antônio - ele me odeia, mas, talvez, me empreste dinheiro se eu lhe disser que é para você.

Shylock era o emprestador de dinheiro mais rico de Veneza. Ele, de fato, odiava Antônio e o sentimento era mútuo. Mas, como Bassiano estava desesperado, ele concordou em tentar.

Shylock parecia surpreso ao ver Antônio e seu amigo se aproximando, mas ele escutaria Bassiano.

- Muito bem - disse ele - vou lhe emprestar todo o dinheiro de que precisa. MAS - ele levantou um dedo - se Antônio não me pagar dentro de três meses, você deve me dar um quilo da carne de Antônio.

Bassiano ficou chocado com isto e estava prestes a dizer não, mas Antônio colocou uma mão em seu braço.

- Meus navios terão definitivamente chegado em três meses e eu lhe pagarei de volta na totalidade, Shylock. Estamos de acordo.

Shylock entregou o dinheiro e Bassiano e seu amigo Graziano partiram para a propriedade de Portia naquela mesma noite.

Quando chegaram na manhã seguinte, Bassiano ficou consternado ao descobrir que o Príncipe de Marrocos e o Príncipe de Aragão tinham chegado antes dele e que teriam uma chance de ganhar a mão de Portia primeiro. Eles tiveram que ir um a um. O Príncipe de Marrocos foi o primeiro a entrar. Bassiano esperou ansiosamente até que o príncipe se retirasse de novo, triste. Ele havia escolhido o baú errado, mas não quis dizer qual deles. Em seguida, o príncipe de Aragão entrou, mas ele também falhou e saiu momentos depois.

Finalmente, foi a vez de Bassiano.

Portia foi em direção a ele ao entrar no salão.

- Estou tão feliz por você estar aqui! Espero que você escolha o baú certo - disse ela.

Bassiano respirou fundo enquanto olhava para os baús. Todos eles tinham uma inscrição. Sobre o dourado, dizia:

Quem me escolher ganhará o que muitos homens desejam.

O de prata dizia:

Quem me escolher terá o quanto merece.

E o de chumbo dizia:

Quem me escolhe deve arriscar tudo o que ele tem.

Bassiano pensou em voz alta. "Claro que muitos homens desejam você, Portia, para que esse possa ser o correto. Não creio que o prateado esteja correto, pois quem poderia alguma vez merecer alguém tão maravilhoso como você? Mas, será que estou disposto a arriscar tudo o que tenho por você? Claro que sim! Deseje algo e eu arriscaria minha vida por você!

Ele se aproximou do baú de chumbo e o abriu.

Dentro estava uma nota. "Que você seja um bom e verdadeiro marido para minha querida filha".

Portia correu para os braços de Bassiano.

- Eu esperava que fosses tu! - ela gritou.

Ela tirou um anel de seu dedo e o deu a ele.

- Este é o meu presente para você. Nunca o dê a outra pessoa - disse ela.

- Eu prometo - disse Bassiano.

Enquanto se abraçavam, um mensageiro entrou apressado.

- Bassiano, os navios de Antônio foram todos perdidos.

43

Assim que Shylock soube, ele enviou seus guardas para prendê-lo. Ele exige que Antônio pague a dívida.

Bassiano ficou horrorizado.

- Graziano, devemos ir e ajudá-lo!

Ele explicou rapidamente a Portia qual era a situação e prometeu que voltaria assim que tivesse libertado Antônio.

Bassiano e Graziano correram de volta a Veneza o mais rápido que puderam.

Portia estava preocupada com seu novo noivo. "Bassiano é doce, mas não está acostumado a lidar com dinheiro como eu estou". Ela decidiu se vestir de advogado e segui-lo até Veneza.

No dia seguinte, Antônio apareceu no tribunal. O Duque de Veneza estava a cargo do julgamento.

- Eu exijo ter o que é meu - disse Shylock - Antônio concordou que se ele não me pagasse em três meses, eu poderia ter um quilo de sua carne. Antônio não tem dinheiro agora; ele não seria capaz de me pagar em três anos.

- Ainda não se passaram três meses - protestou Bassiano - você não tem o direito de prender Antônio agora!

- E dar-lhe tempo para fugir do país? - Shylock zombou - não nasci ontem.

O Duque franziu a sobrancelha. Shylock era um homem poderoso em Veneza, mas o que ele estava pedindo não parecia justo.

- Acho que deveríamos receber alguns conselhos de nosso novo advogado, Baltasar.

Baltasar deu um passo à frente. Mal sabiam eles que, na verdade, era Portia disfarçada!

- Caro Shylock, por favor, tenha piedade deste homem. Por favor, dê a Bassiano e Antônio a chance de levantar o dinheiro de outra forma.

- Sim! - Bassiano exclamou - farei qualquer coisa para conseguir o dinheiro se você simplesmente deixar Antônio ir.

- Bassiano - disse Baltasar - você acabou de ficar noivo de uma senhora rica. Talvez, parte de sua fortuna possa ser usada para saldar a dívida?

- O dinheiro dela não é meu para gastar - disse Bassiano – mas, poderia perguntar a ela, é claro. Tenho certeza de que ela ajudaria.

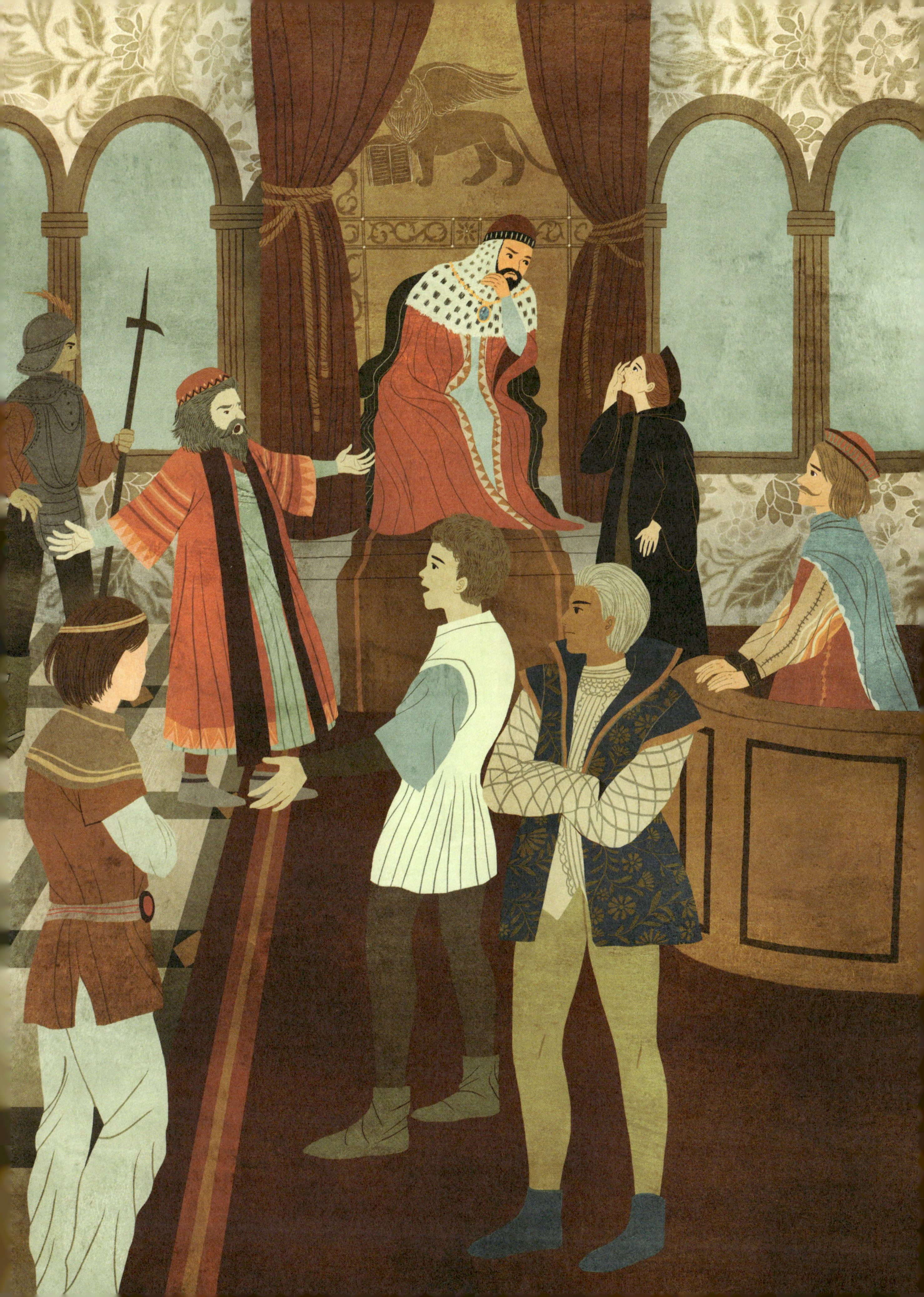

- Isso não vai servir! - retrucou Shylock - é Antônio quem tem que me pagar e ele não pode. Eu quero o que é meu - ele tirou uma faca de seu cinto - e se você não fizer isso, Duque. Eu farei. É perfeitamente legal.

Antônio tremeu de medo quando Shylock se aproximou dele. Bassiano desembainhou sua própria espada e se preparou para defender seu amigo.

- PARE! - gritou Portia - NÃO é legal. Não mesmo!
- Por que não? - exigiu Shylock.
- Bem, eu lhe direi o porquê - disse Portia, pensando rápido - porque embora você pudesse tirar-lhe a carne, você não pode pegar uma única gota de sangue! O sangue nunca fez parte do acordo, não é verdade?
- Não, não faz! - Bassiano gritou, triunfantemente.
- Certo! - Baltasar ficou na frente de Shylock - então, você pode pegar sua carne, mas somente se puder fazê-lo sem derramar uma única gota de sangue de Antônio.

Os olhos de Shylock incharam enquanto ele olhava para ela.
- Isso é impossível!

Portia encolheu os ombros.
- Bem, então, seu acordo sempre foi ilegal. Você estava tentando matar um homem veneziano. E acredito que a punição para isso é perder tudo o que você possui, não é verdade, Duque?

O Duque acenou com a cabeça.
- É isso mesmo!

Assim, todas as riquezas de Shylock foram levadas e dadas a Antônio.

Bassiano correu para abraçar Antônio, depois caiu de joelhos em frente a "Baltasar".

- Muito obrigado. Você salvou a vida do meu amigo. Como posso retribuir-lhe?

Portia olhou para o anel que ela havia dado a Bassiano e que ele havia jurado não dar.

- Eu gostaria desse anel - apontou ela.

O rosto de Bassiano caiu.

- Esta é a única coisa que não posso dar. Portia me deu, e jurei que nunca o daria a outra pessoa.

Portia fez seu melhor rosto irritado.

- Era tudo o que eu queria. Suponho que seu amigo não significa tanto para você como você disse:

Antônio entrou e colocou um braço em volta do ombro de Bassiano.

- Bass, este homem acabou de salvar minha vida e me deu uma fortuna. Por favor, se ele quiser seu anel, basta dar-lhe. Tenho certeza de que Portia iria entender.

Relutantemente, Bassiano tirou o anel e o entregou.

Portia viu quanto lhe custou fazê-lo e ficou satisfeita. "Ele é duplamente bom", ela murmurou para si mesma enquanto voltava para a propriedade. "Ele é leal a mim, mas também ajuda os outros, não importa o custo para si mesmo".

De volta à propriedade, Portia teve um momento de diversão fingindo repreender Bassiano por ter dado seu anel, mas depois revelou que ela era Baltasar o tempo todo! Ela lhe deu o anel de volta.

- Oh, você é a mulher mais esperta do país! - Bassiano aplaudiu.

- E você é o homem mais leal - disse Portia, sorrindo.

Os dois se casaram logo depois e viveram juntos e felizes para o resto de suas vidas.

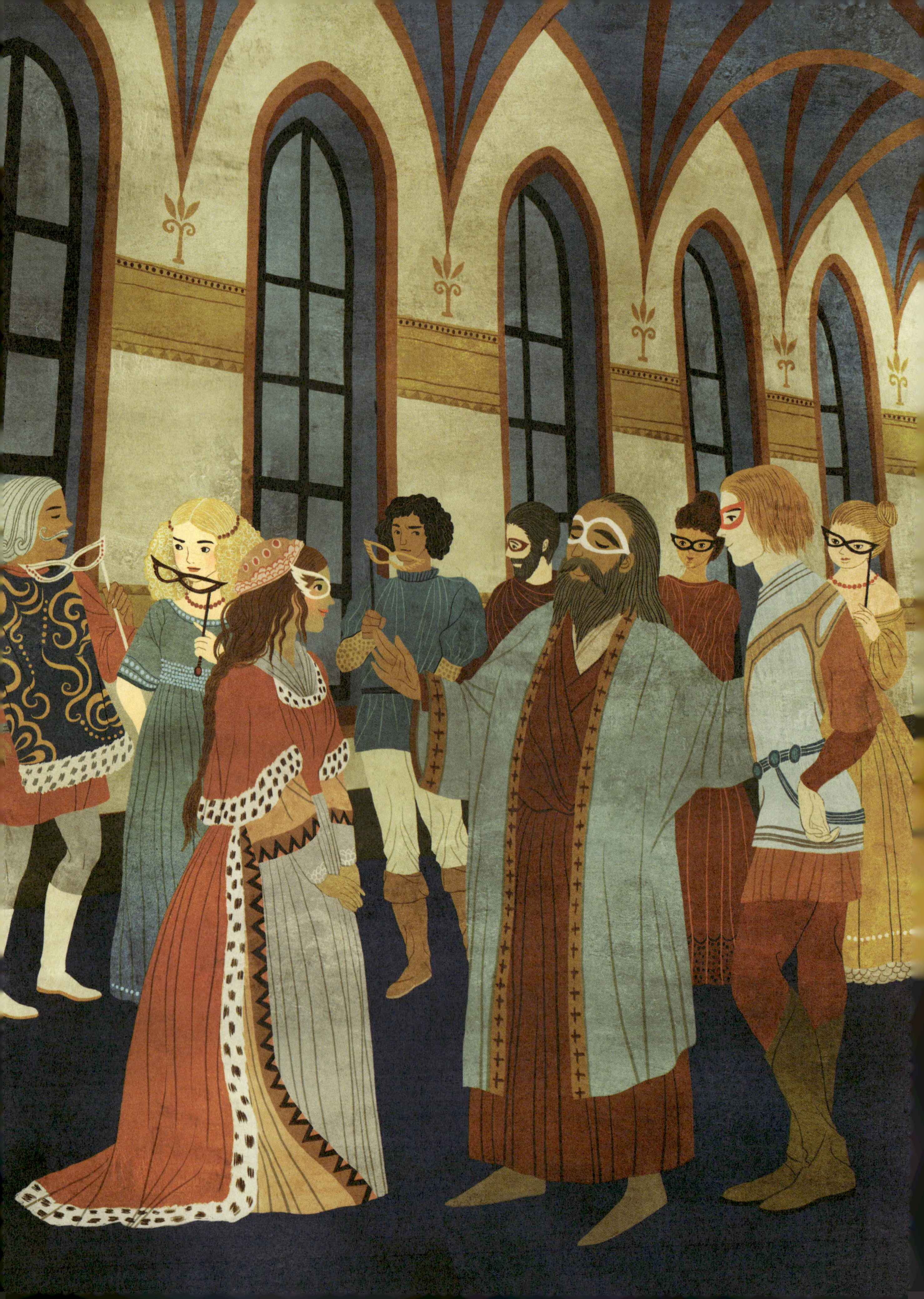

Muito Barulho por Nada

A grande cidade de Messina, na Sicília, já foi governada por um homem chamado Leonato. Ele vivia com sua filha, Hero, e sua sobrinha, Beatriz. As duas primas eram muito diferentes, mas se amavam ferozmente. Enquanto Hero era gentil e doce, Beatriz era ardente e espirituosa como um bobo da corte.

Um dia, Leonato ouviu que seus velhos amigos Don Pedro, o Conde Cláudio e seus amigos iriam parar em Messina após vencer uma guerra. Eles planejavam ficar por um mês e iriam assistir ao baile anual de máscaras de Medina.

- Que bom que eles nos abençoem com a necessidade de comida e camas grátis por um mês - disse Beatriz, atrevidamente.

- Soube que Benedito está com eles - disse Leonato.

- Oh, Benedito! - gritou Hero - será bom vê-lo. Você gostou dele uma vez - ela lembrou a prima.

Beatriz mexeu em seus cabelos.

- Todos têm momentos de loucura quando estão crescendo. Felizmente, agora estou curada.

Quando Don Pedro chegou, todos ficaram consternados ao ver que seu irmão mais novo, Don João, estava com eles. Ele era conhecido por ser um desmancha-prazeres.

Mas, quando Hero bateu os olhos no Conde Cláudio, não conseguia pensar em mais nada. Foi amor à primeira vista!

Benedito entrou na sala depois de Cláudio.

- Bem, olá Beatriz - ele disse alegremente.

- Benedito - ela respondeu - ainda solteiro, ouvi dizer.

- Por escolha - disse ele - renunciei às mulheres, você vê.

- Que sorte a nossa! - Beatriz exclamou – não é, Hero? - ela acotovelou sua prima, mas Hero estava muito ocupada olhando para Cláudio.

Benedito sorriu para Beatriz.

- Na verdade, todas as mulheres, exceto você, me adoram. Tive tantas caindo a meus pés que estava sempre tropeçando. Desta forma será mais seguro.

Beatriz riu dele.

- Isso mesmo, afaste-se de todas nós, senhoras perigosas.

Aos visitantes foram mostrados seus quartos, Cláudio disse a Benedito e Don Pedro que ele se apaixonara à primeira vista por Hero. Dom Pedro ofereceu-se para falar com seu pai e Cláudio lhe agradeceu.

Naquela noite, Leonato anunciou que faria um baile de máscaras para celebrar a visita de seus convidados. Todos os melhores e mais brilhantes da cidade estavam lá, mas ninguém podia dizer quem estava por trás das máscaras!

Beatriz avistou Benedito por suas roupas e cabelos.

- Você não viu aquele Benedito horrível por aí, viu? - perguntou ela, fingindo que não sabia quem ele era.

Antes que ele pudesse responder, ela prosseguiu.

- Ele, provavelmente, está se escondendo. Ele tem medo de mulheres, sabe. Ele me disse que suas pernas se transformam em geleia quando as vê.

- Tenho certeza de que não foi isso o que ele disse – Benedito gaguejou.

- Oh sim, é sim - disse Beatriz, bruscamente - claro, ele poderia estar tentando dançar. E se ele estiver, devemos ter medo. Ele é tão gracioso quanto um boi.

Benedito lutou para manter sua voz calma.

- Tenho certeza de que você está errada. Eu já o vi dançar. Ele é muito bom.

- Rá, rá, rá, ele lhe pediu para dizer isso? - Beatriz disse.

- Não...

- Bem, você diria isso - Beatriz observava com prazer enquanto as orelhas de Benedito ficavam vermelhas brilhantes. Ela não tinha certeza de quanto tempo mais conseguiria aguentar em seu próprio grito de risos - devo ir andando. Adeus, estranho!

Enquanto isso, Cláudio e Hero tinham tirado as máscaras e estavam de mãos dadas. Leonato, com grande orgulho, anunciou a todos os convidados que sua filha se casaria com o Conde Cláudio em uma semana.

No dia seguinte, Benedito estava caminhando no jardim. Don Pedro, Leonato, Claudio e Hero, todos saíram de mansinho e se sentaram atrás da cerca de sebe ao seu lado. Eles tinham um plano para juntar Benedito e Beatriz, pois estavam convencidos de que eles gostavam um do outro realmente.

- Oh sim - disse Leonato, como se estivesse prosseguindo uma conversa que eles já estavam tendo há algum tempo - bem, é claro que Beatriz pensa em Benedito, mas ela nunca lhe diria.

- Ela prefere morrer do que fazê-lo saber - acrescentou Hero.

Claudio espreitou através da sebe. Benedito tinha parado sua caminhada, ouvindo claramente o mais forte que podia. Claudio sorriu de volta para os outros e acenou com a cabeça.

- Pobre Beatriz - disse Don Pedro - se ao menos ela pudesse dizer a ele.

- E pobre Benedito - acrescentou Claudio - ele está sentindo falta do amor de uma mulher muito boa.

- De fato - concordou Leonato - ah, creio que é hora do jantar. Vamos voltar para casa.

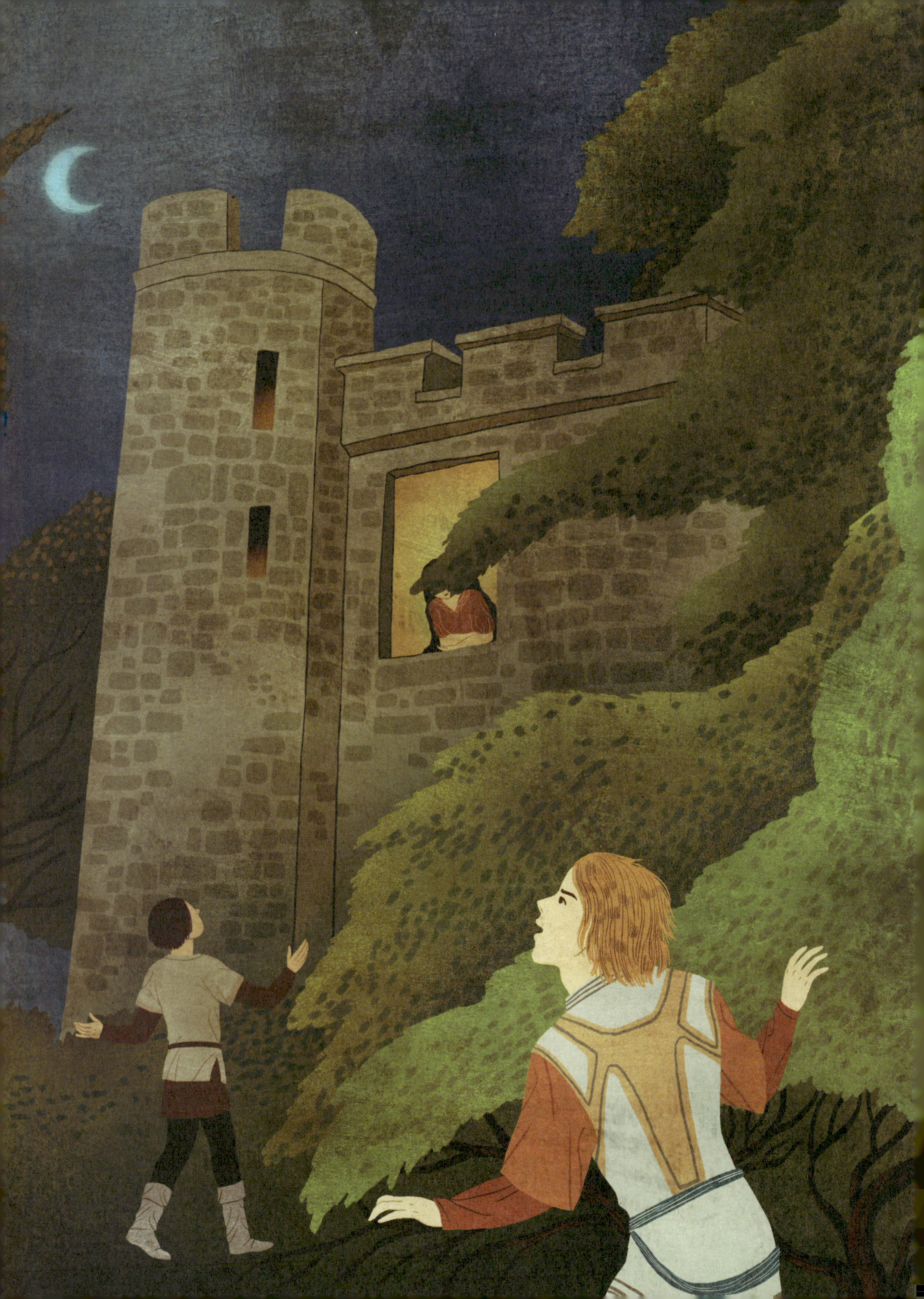

Os casamenteiros travessos voltaram rapidamente para a casa, espreitando enquanto viam Benedito de quatro, ouvindo junto à cerca.

Quando o jantar terminou, Hero fez questão de que Beatriz a ouvisse falando com uma de suas empregadas.

- Isso o machuca - disse Hero em voz alta - ele não tem nada além de amor por ela, mas cada vez que falam, ela é tão má para ele.

- Pobre Benedito. Se ao menos ela esquecesse seu orgulho, veria um homem que a ama muito - respondeu Ursula.

- Claro, ele não pode admiti-lo – falou alto Hero - ele é muito orgulhoso. Mas, demonstra em cada olhar.

- E é uma pena, realmente - acrescentou Ursula no topo de sua voz - pois ele é um dos melhores homens da Itália, um verdadeiro partido.

Com isso, as duas garotas se afastaram, deixando Beatriz chocada.

Enquanto isso, Don João estava se sentindo mal-humorado com todo o amor flutuando no ar. Ele queria que todos se sentissem infelizes como ele. Ele estava particularmente irritado por Claudio encontrar Hero. Don João sempre teve ciúmes de que Cláudio estivesse mais próximo de Don Pedro do que ele.

- Se eu pudesse separá-los - disse ele a um criado.

- Tenho uma maneira de ajudá-lo - disse o criado, que também não era um homem muito simpático - é sabido que Cláudio é um homem ciumento. Bem, tenho visto a criada de Hero, Margarida, já há algum tempo. Muitas vezes fico debaixo da janela do quarto de Hero à noite, e Margarida se inclina para falar comigo. Isso me dá uma ideia...

Naquela noite, Don João foi até Claudio e Don Pedro e os conduziu a um lugar um pouco distante da janela do quarto de Hero. Um homem se aproximou nas sombras e a chamou. Uma mulher apareceu na janela e os dois apareceram para compartilhar ondas amorosas, suspiros e palavras. Eles estavam muito longe para ver os rostos da dupla.

- Mas, eu lhes asseguro que era Hero e um homem misterioso. Ele vem aqui todas as noites - disse Don João - é melhor você saber agora que Hero é uma trapaceira.

Na manhã seguinte, enquanto todos se preparavam para o casamento, o guarda noturno veio à procura de Leonato.

- Governador, houve alguma atividade estranha lá fora ontem à noite e penso que o senhor vai querer ouvir falar sobre isso.

- Você pensou errado - Leonato o acenou para longe - estou prestes a ver minha filha se casar!

- Acho que você deveria questionar o homem que encontrei, meu senhor - disse o vigia.

- Questione-o você mesmo - exclamou Leonato – e, depois, me fale sobre.

Ele correu para a capela. Hero havia chegado, com um belo vestido e um véu comprido. Até mesmo Beatriz teve que enxugar uma lágrima do seu olho.

A cerimônia começou, mas quando o frade perguntou a Cláudio se ele aceitava Hero como sua esposa, Cláudio disse:

- Não. Nunca me casarei com uma trapaceira como você, Hero.

Hero ficou muito confusa e começou a chorar, mas Claudio ficou imóvel. Don Pedro disse a todos que ele e Claudio tinham visto um homem indo para o quarto de Hero na noite anterior. Hero negou e eles a chamaram de mentirosa. Ela fugiu, soluçando, seguida por suas empregadas.

- Hero NÃO é uma mentirosa! - Beatriz gritou. Ela tremia de fúria - como você ousa envergonhá-la desta maneira?

- Você só a defende porque ela é uma mulher, como você - disse Don João, zombando.

Benedito virou-se para Beatriz.

- Eu acredito em você. Você é a pessoa mais inteligente que conheço e se você diz que Hero está dizendo a verdade, então ela está.

Beatriz piscou-lhe os olhos.

- Sério?

- Sim - disse Benedito, muito silenciosamente - e mais do que isso, eu te amo. Não gosto de vê-la assim perturbada. Farei tudo o que puder para fazê-la feliz.

- Qualquer coisa? - perguntou Beatriz.

Benedito acenou com a cabeça.

- Bem, quero que você lute com Claudio pelo que ele fez com minha pobre Hero. Eu mesmo lutaria com ele se eu fosse um homem!

Benedito se curvou.

- Como queira.

Antes que Benedito pudesse desafiar Claudio, o guarda noturno entrou novamente.

- Meu senhor, realmente penso que o que estou tentando lhe dizer é relevante. O homem que encontrei ontem à noite foi pago por Don João para fazer parecer que ele estava se encontrando com Hero. Na verdade, ele estava cortejando sua criada, Margarida, e Hero estava dormindo profundamente.

No espaço de um minuto, Don João tinha se afastado da cidade e Cláudio tinha caído de joelhos, implorando perdão a Hero.

A doce Hero enxugou suas lágrimas.

- Eu o perdoo, Claudio.

Todos aplaudiram quando o frade anunciou que o casamento estava de volta.

- Você teria lutado com Cláudio por mim - disse Beatriz a Benedito.

- Teria - disse Benedito.

- Suponho que você não seja realmente um covarde, afinal - sorriu ela.

Benedito franziu a sobrancelha.

- Claro que não sou covarde, acabei de voltar de uma guerra!

- Oh, e você acha que eu não teria ido para a guerra também se eles me deixassem? Eu poderia lutar tão bem quanto qualquer homem - declarou Beatriz.

- Oh, não sei disso - riu Benedito - estou ansioso por uma luta nossa por muitos anos. Isto é, se você concordar em lutar comigo?

- Isso foi uma proposta? - perguntou Beatriz - foi terrível.

- Você acha que poderia fazer melhor? - Benedito disse.

- Sim. Case-se comigo, seu homem tolo, antes que você se assuste e volte a jurar pelas mulheres. Estamos desesperadamente apaixonados um pelo outro.

Assim, Beatriz e Benedito se casaram, Claudio e Hero também. E enquanto Claudio e Hero aguardavam uma vida inteira de felicidade, os outros dois aguardavam ansiosamente suas batalhas de casamento por muitos anos.

Do Jeito que você Gosta

Há muito tempo, na França, vivia um duque muito rico. Ele era amado por seu povo, mas seu irmão mais novo tinha ciúmes e decidiu roubar o ducado para si mesmo. Ele se fez de Duque Frederico e expulsou seu irmão mais velho para a floresta, junto com seus leais seguidores. A filha do velho duque, Rosalinda, foi mantida para trás para ser companhia da filha do Duque Frederico, Célia. Rosalinda ficou triste por estar separada do pai e passou seus dias vagando no jardim, olhando para a floresta.

Célia fez o seu melhor para animar a prima.

- Venha prima, hoje há um combate de luta livre no palácio. Vamos, vai ser divertido!

A maioria dos lutadores eram guerreiros enormes, tão grandes quanto ursos, mas havia lá um jovem bonito chamado Orlando. Ele era tão menor que os outros que as meninas temiam por sua segurança.

- Senhor, você deveria desistir e ir para casa - disse-lhe Célia.

Orlando deu a ela um sorriso de vitória.

- Se ao menos eu pudesse, minha senhora. Mas, há um prêmio em dinheiro para esta luta e como meu perverso irmão mais velho me expulsou e roubou minha herança, preciso dele.

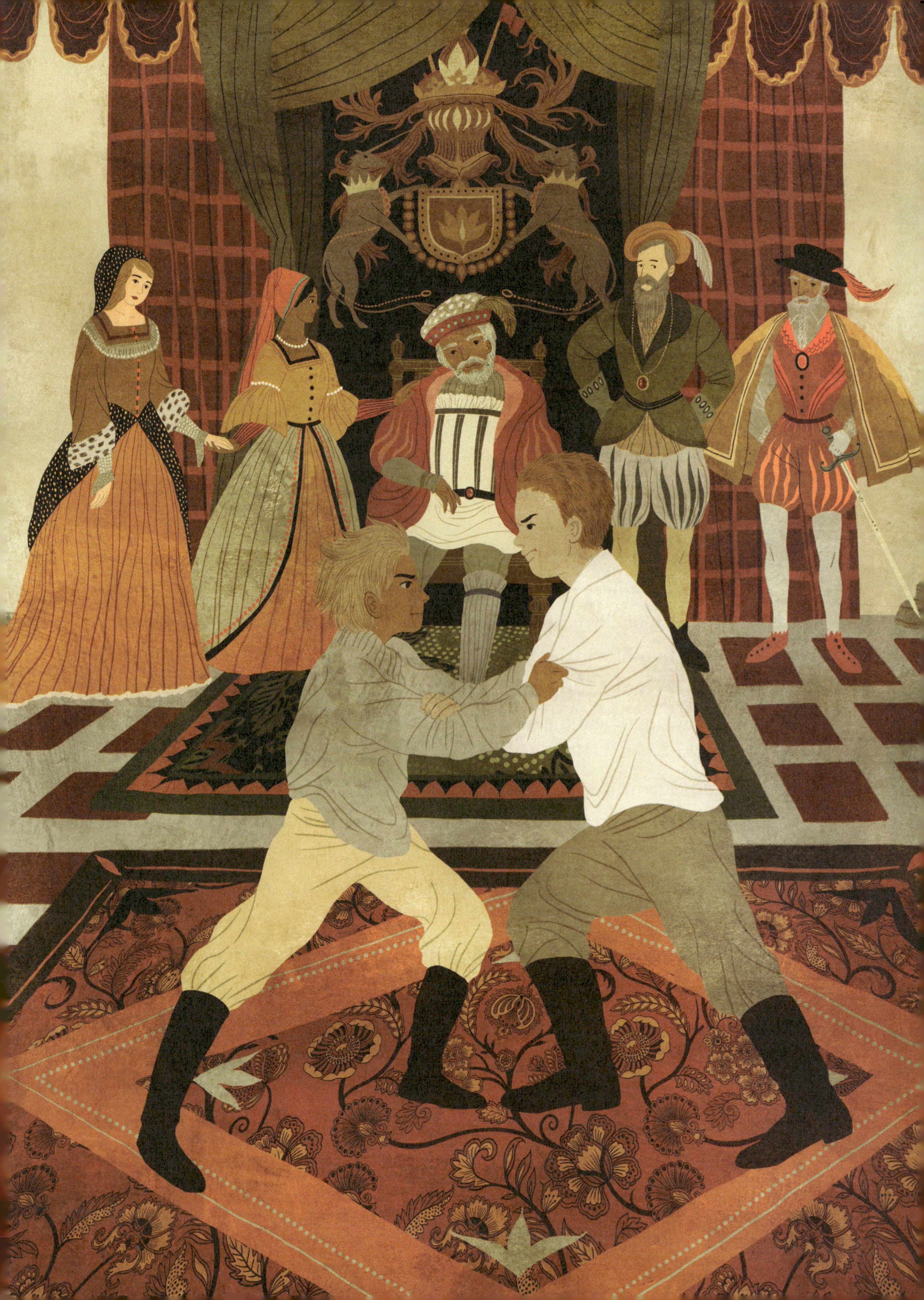

Ele ficou cara a cara com um dos maiores homens do torneio e, para surpresa de todos, ele ganhou!

Rosalinda e Célia aplaudiram e torceram, mas o Duque Frederico decidiu que, afinal, não queria dar o dinheiro do prêmio e mandou Orlando embora sem nada.

Rosalinda correu atrás dele.

- Sinto muito, meu tio é um homem malvado.

Orlando sorriu para ela.

- Você não tem nada para pedir desculpas, minha senhora.

Quando olharam nos olhos um do outro pela primeira vez, os dois se apaixonaram na hora. Rosalinda sentiu que poderia olhar para ele para sempre, mas os guardas apareceram e o afastaram.

- Eu o amo - declarou Rosalinda.

- Você mal o conhece - retrucou Célia, carinhosamente.

Vendo que a luta livre havia feito um efeito, Rosalinda ficou muito mais feliz. Mas, o seu bom humor não durou muito tempo. O Duque Frederico havia decidido que Rosalinda era muito parecida com seu pai.

- Ela pode muito bem me trair - disse ele a seus guardas – vamos bani-la para a floresta também.

Célia declarou que nunca deixaria sua prima de lado e que iria com ela. Juntas, elas colocaram disfarces. Rosalinda tornou-se um menino chamado Ganímedes e Célia tornou-se uma pastora camponesa chamada Aliena. Então, elas saíram apressadas floresta adentro antes que os guardas pudessem encontrá-las.

Enquanto isso, o irmão mais velho de Orlando havia decidido que roubar sua fortuna não era suficiente; ele o queria morto. Orlando fugiu para a floresta para começar uma nova vida, pensando com melancolia na bela garota que havia conhecido naquele dia.

Rosalinda e Célia entraram profundamente na floresta. Lá, encontraram um chalé de pastor abandonado e iniciaram sua nova vida. Todos os dias saíam caminhando para procurar o acampamento do Velho Duque.

Um dia, não muito depois de ter chegado à floresta, Orlando tropeçou no acampamento do Velho Duque. Ele teve uma calorosa recepção e um convite para participar das alegres festas que o Velho Duque criou para seus seguidores.

Os dias passaram, mas nem Rosalinda, nem Orlando puderam esquecer-se um do outro. Orlando acreditava que seu amor ainda estava na corte e que ele nunca mais a veria. Mas, ele também sabia que nunca poderia amar mais ninguém. Ele perambulou pela floresta, escrevendo todas as cartas de amor que lhe teria enviado se pudesse ter ficado na corte, e as fixou nas árvores. Mal sabia ele que Rosalinda e Célia também perambulavam pela floresta, lendo cada uma delas!

Um dia, Rosalinda e Célia encontraram Orlando no momento em que ele estava pregando a última carta. Claro que, como estavam disfarçadas, Orlando não sabia quem elas eram. Rosalinda decidiu se divertir um pouco e se apresentou como Ganímedes.

- Você não parece ser um homem desesperadamente apaixonado - disse ela, levantando uma sobrancelha depois que Orlando lhe contou sobre sua situação.

- Oh, eu sou. Se ao menos pudesse convencê-lo - gemeu Orlando.

- Ganímedes não é quem você precisa convencer - ela sorriu - Rosalinda é que sim.

- Mas, nunca mais a verei - disse Orlando - se voltar, meu irmão me matará.

- Então, você deve estar curado de seu amor - disse Rosalinda, tentando manter uma cara séria - felizmente para você, sei como fazer isso. Já o fiz para um homem uma vez. Você tem que fingir que sou Rosalinda e vir aqui todos os dias para me cortejar. Eu vou agir como o pior tipo de mulher. Serei mutável, manipuladora, orgulhosa, superficial, e logo você estará tão farto de mim que ficará curado de seu amor.

Orlando parecia duvidoso.

- Não tenho certeza de que algo poderia me fazer não amar Rosalinda.

Rosalinda sentiu uma emoção por dentro, mas manteve o rosto firme.

- Confie em mim. Se você vier todos os dias, posso fazer isso. Encontre-me aqui de volta amanhã de manhã.

Na manhã seguinte, Rosalinda esperou e esperou.

Era meio-dia quando Orlando finalmente chegou.

- Ganímedes! Estou aqui para, uh, cortejar você!

Rosalinda cruzou seus braços.

- Se você estivesse realmente apaixonado, não chegaria um segundo atrasado. Você estaria tão ansioso para ver sua dama.

- Pelo contrário - sorriu Orlando - o amor me faz fraco, e por isso estou lento.

Então, Orlando procedeu a cortejar Ganímedes, sussurrando coisas adoráveis para Rosalinda e trazendo presentes. Rosalinda tentou se tornar desagradável, mas foi muito difícil, e ela se viu sussurrando coisas encantadoras de volta.

- O que você está fazendo? - Célia sibilou - você está levando o jogo longe demais.

- Não é um jogo - Rosalinda lastimou - quero me casar com ele. Estou tão apaixonada!

Na manhã seguinte, quando Rosalinda estava esperando por Orlando, um homem estranho veio caminhando pelas árvores, segurando um lenço ensanguentado.

- É você que Orlando chama de Rosalinda? - perguntou ele.

- Sou eu - confirmou Rosalinda.

- Então devo lhe dar isto - ele entregou o lenço.

Rosalinda enrugou seu nariz.

- O que está acontecendo?

- Meu nome é Olivério. Orlando é meu irmão. Eu vim para a floresta para encontrá-lo e matá-lo. Mas, quando estava dormindo ontem à noite, um leão se aproximou de mim. Eu certamente teria sido morto se Orlando não estivesse passando. Ele salvou minha vida.

- Você deve ser o irmão mais velho cruel de quem ele nos falou! - exclamou Célia.

Olivério baixou sua cabeça.

- De fato sou. Mas, agora mudei. Você deve vir comigo. Orlando está muito mordido. Ele está agora com o Velho Duque e chorando por Rosalinda.

Desiludida com a notícia de que Orlando estava ferido - e que ele estava com seu próprio querido pai, Rosalinda desmaiou. Quando acordou, Célia e Olivério estavam olhando para ela, parecendo preocupados.

- Por que você desmaiou? - perguntou Olivério - foi por causa do sangue no lenço?

- Não, eu, uh, sou um ator muito bom! - Rosalinda brincou - quando Ganímedes faz um papel, ele o interpreta o tempo todo. Mesmo quando Orlando não está aqui, eu interpreto o papel de Rosalinda. Certifique-se de dizer a ele o quão bem o interpretei!

Olivério não parecia convencido. Pouco tempo depois, eles chegaram à clareira onde o velho Duque vivia com seus seguidores. Olivério levou as meninas para Orlando e contou a história de como ele as encontrou.

Rosalinda correu para Orlando, sentindo-se mais apaixonada por ele do que nunca.

- Então, você ouviu falar de minha incrível atuação?

Orlando suspirou:

- Eu ouvi. Eu sei que você está tentando me ajudar, Ganímedes, mas estou cansado de pensar e imaginar. Eu só queria poder ver Rosalinda novamente.

Rosalinda sorriu.

- Bem, e se eu lhe dissesse que poderia trazê-la aqui amanhã e você poderia se casar com ela?

Orlando sentou-se.

- Você poderia fazer isso?

Rosalinda acenou com a cabeça e sorriu.

- Eu sou um homem de palavra.

Olivério se afastou de onde havia falado calmamente com Célia. Ele ajoelhou-se diante de Orlando.

- Irmão, sinto muito pela forma como o tratei. Quero que você tenha toda a riqueza de nosso pai. Eu não preciso disso. Pois conheci Aliena, a garota mais maravilhosa e bela do mundo e desejo me casar com ela e viver como um simples pastor na floresta.

- Obrigado, irmão - disse Orlando e eles se abraçaram - podemos ter um casamento conjunto.

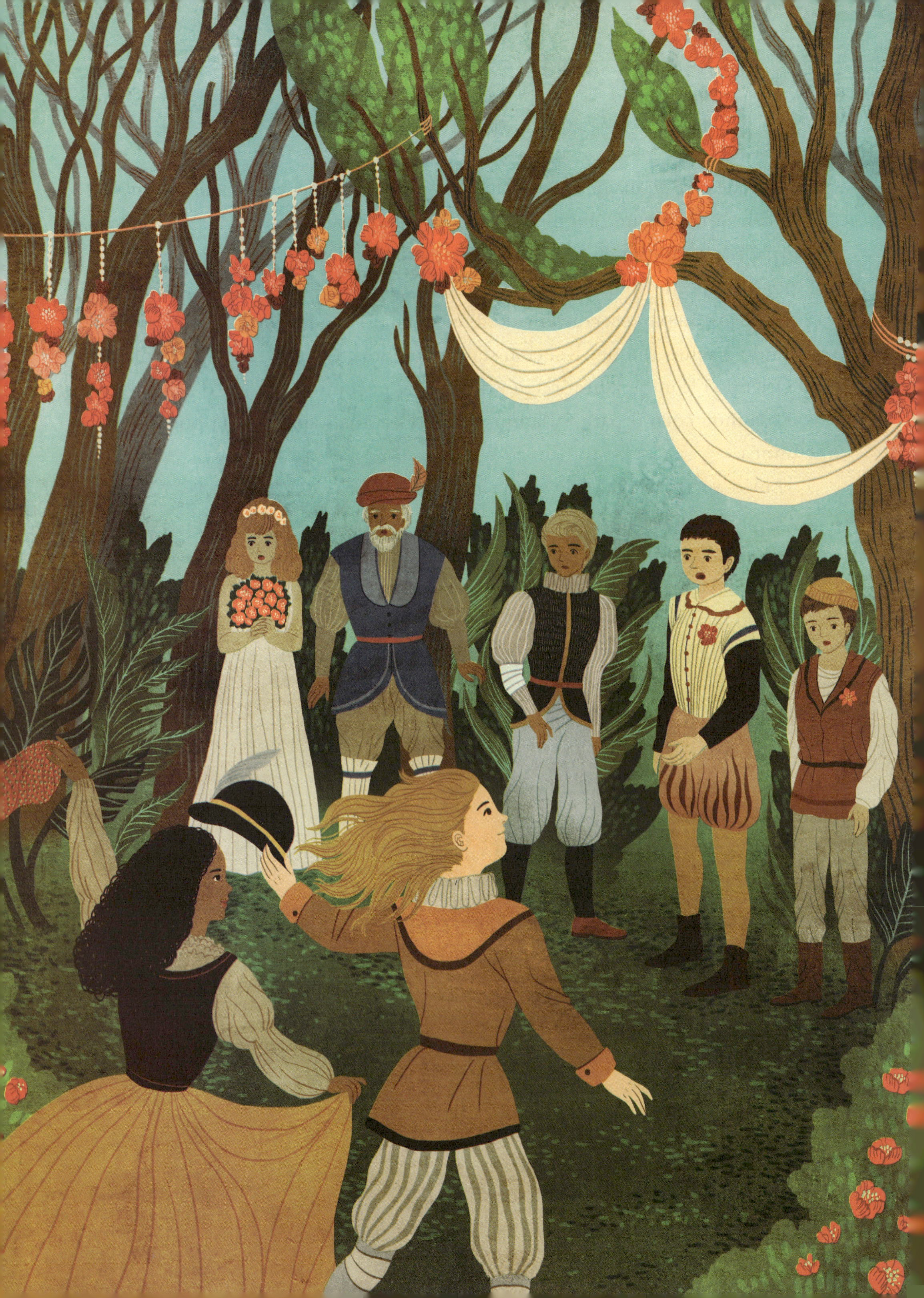

Na manhã seguinte, todos eles se reuniram na clareira do velho Duque. Rosalinda e Célia chegaram por último, ainda vestidas com seus disfarces:

- Velho Duque, se sua filha quisesse se casar com Orlando, você permitiria isso? - Rosalinda perguntou ao pai dela.

- Claro, Ganímedes - respondeu o Velho Duque - Orlando já é como um filho para mim, portanto, se ele fizesse Rosalinda feliz, eu ficaria encantado.

- Que bom, nesse caso, eu a buscarei.

Rosalinda e Célia deixaram a clareira para tirarem seus disfarces. Quando elas voltaram, a clareira ressoou com suspiros.

Olivério ficou de queixo caído.

- Você é Célia, não uma pobre pastora, de modo algum!

Célia acenou com a cabeça.

- Você ainda me ama?

- É claro! - gritou Olivério - e viveremos uma vida simples na floresta, como planejado.

O Velho Duque correu para Rosalinda.

- Minha querida filha! - gritou ele - estou tão feliz em vê-la! E você deseja casar-se com Orlando?

Rosalinda acenou com a cabeça.

- Mais do que tudo no mundo.

Ela olhou com esperança para Orlando. Orlando olhou para ela por um momento e, em seguida, desatou a rir.

- Então, todo aquele tempo eu estava cortejando você, afinal - riu ele - não é de se admirar que não tenha conseguido me evitar! Agora temos a fortuna de meu pai. Você gostaria de voltar à corte?

Rosalinda olhou ao redor da clareira, para todas as pessoas que ela considerava queridas.

- Não, acho que devemos ficar aqui mesmo.

E assim, os dois casais felizes se casaram sob as árvores. Eles não tinham mais dinheiro ou palácios para viver, mas se sentiam mais ricos do que qualquer outra pessoa no mundo, pois tinham o verdadeiro amor e família.

Noite de Reis

Era uma vez, uma menina chamada Viola. Ela era linda, doce e gentil. Ela tinha um irmão gêmeo, chamado Sebastian, e desde que seus pais morreram, Viola estava sob os cuidados de Sebastian.

Uma noite, quando os irmãos estavam em uma viagem marítima, houve uma terrível tempestade e o navio naufragou ao largo da costa de um reino chamado Illyria. Muitos se afogaram, mas Viola boiou até a praia, ao lado de um gentil capitão de mar.

Sebastian não estava em nenhum lugar e Viola ficou com o coração partido por tê-lo perdido para o mar. Embora Illyria fosse um reino muito bonito, era uma terra estranha para Viola. Ela sabia que teria que se proteger agora que estava ali sem recursos, pois não era seguro para uma jovem estar sozinha. O capitão do mar lhe disse que havia um Conde chamado Orsino que morava nas proximidades. Um homem bondoso, que adorava música. Viola sabia cantar muito bem, então, se disfarçou de menino chamado Cesário e aceitou um trabalho como empregado na casa de Orsino.

O Conde Orsino era bonito e de grande coração. Ele recebeu Cesário e logo o tratou mais como um amigo do que como um criado. A casa de Orsino era um lugar confortável, cheio de amizade e música. Na verdade, a única tristeza de Orsino na vida era que a adorável Condessa Olivia não concordaria em se casar com ele. Foi algo de

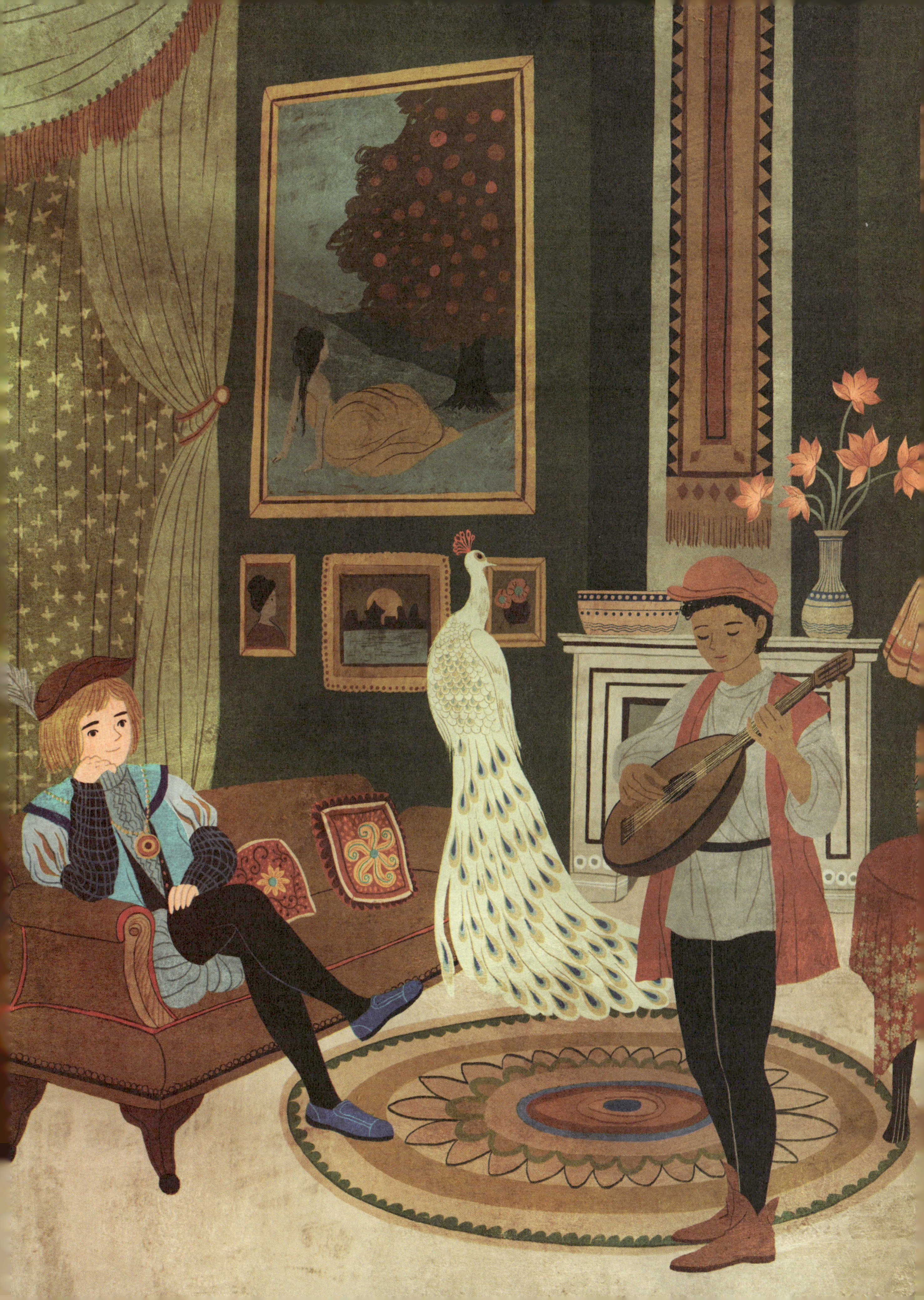

que ele falou muito com Cesário, sentindo que seu mais novo criado compreendia melhor suas mágoas. Mal sabia ele que Cesário compreendia por que Viola tinha, de fato, se apaixonado por Orsino!

Então, quando Orsino pediu a Cesário para ir dizer a Olivia o quanto ele a amava, o coração de Viola doeu. Ela obedeceu a seu mestre, sempre desejando poder contar-lhe sobre seu amor, ao invés disso.

Olivia estava tendo seus próprios problemas de amor. O problema dela era que muitos homens gostavam dela e ela não gostava deles de volta! Cavaleiros, condes e nobres haviam pedido sua mão em casamento e ela havia recusado todos eles. Ela ainda estava esperando para encontrar seu único e verdadeiro amor.

Até mesmo o criado principal de Olivia, Malvólio, gostava dela! Malvólio era um belo criado e Olivia o valorizava muito, mas isto lhe havia dado uma opinião bastante elevada de si mesmo. Ele era pomposo e gostava de mandar nos outros servos. A criada de Olivia, Maria, estava farta de ser mandada por Malvólio e decidiu fazer uma brincadeira com ele.

- Oh Malvólio - disse-lhe ela - certamente você deve saber que a razão pela qual Olivia não quer se casar com o Conde Orsino é porque ela está secretamente apaixonada por você!

Os olhos de Malvólio se arregalaram.

- Eu?

- Claro - Maria assentiu, sorrindo.

- É claro - repetiu Malvólio em silêncio. Mais uma vez, mais alto - é claro! Tudo faz sentido.

Maria abafou uma risada. Malvólio pensava que era tão importante, que mal precisava ser convencido. Estava na hora da próxima parte de seu plano. Ela escreveu uma carta e a deixou no jardim para que Malvólio a encontrasse.

Caro Malvólio,
É hora de confessar o quanto eu o amo e o quanto você me faz feliz. Sempre que o vejo, especialmente quando você está usando meias amarelas,

xadrez, não posso deixar de sorrir. Sou muito tímida para dizer isso pessoalmente, mas, se você me ama de volta, por favor, sorria para mim para me avisar. Com todo o meu amor, Olivia.

Maria se escondeu por perto e assistiu enquanto Malvólio lia a carta para si mesmo, de forma presunçosa. Ele se afastou, imaginando-se como um grande conde, casado com Olivia e ordenando a todos os outros ao redor. Maria riu para si mesma. Ele ia parecer tão estúpido!

Enquanto isso, Viola como Cesário chamou por Olivia. Quando Cesário foi convidado a entrar, Olivia ficou impressionada com quão bonito ele era. Quando ele falou, sua voz era linda. Antes que Olivia percebesse, ela finalmente se apaixonou.

A pobre Viola estava determinada a dar o seu melhor e dizer a Olivia o quanto Orsino se importava com ela.

- Seu amor é mais profundo do que você poderia imaginar - disse ela.

Olivia suspirou.

- E ainda assim eu não o amo de volta. Eu gostaria que ele tivesse-me ouvido desde o início. Eu nunca o amarei - ela se inclinou para a frente, pegando a mão de Cesário - mas isso não significa que não amaria outro.

Viola engoliu seco e arrancou a mão dela.

- Sinto muito, tenho que ir - ela gaguejou.

Ela saiu apressada de casa. Então, eu amo Orsino, mas ele ama Olivia, mas ela ama...a mim? Que bagunça!

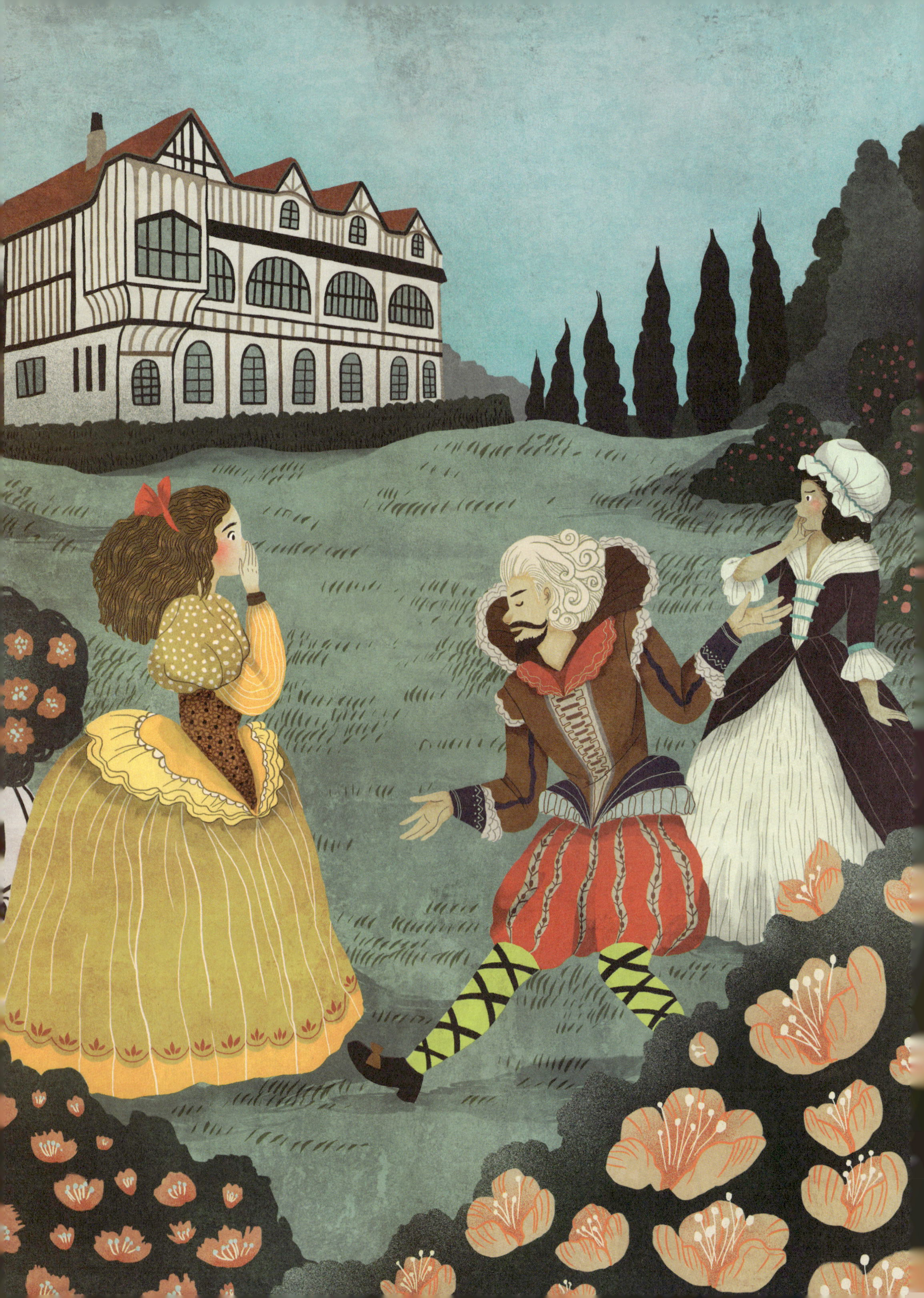

Olivia estava preocupada que tivesse assustado Cesário, mas logo se distraiu quando Malvólio se aproximou dela, parecendo realmente muito estranho! Ele estava vestindo meias xadrez amarelas brilhantes e tinha um largo sorriso no rosto.

- Malvólio, o que você está fazendo? - ela gritou.

Malvólio deu-lhe uma piscada de olhos.

- Como se você não soubesse muito bem. Vê como sorrio para você?

- Eu vejo, sim - disse Olivia, com angústia - Maria, venha e veja Malvólio. Eu me preocupo que ele tenha enlouquecido! Olhe para seu rosto, e suas roupas estranhas.

- Oh querida, senhora - sussurrou Maria, depois de ter feito um grande espetáculo de olhar de perto para Malvólio - acredito que você esteja certa. A única cura para tal doença é ser amarrado e colocado em uma sala escura para ser ignorado por um tempo.

- Bem, veja se você faz isso de uma vez - disse Olivia.

- Claro, senhora - disse Maria, com um sorriso maligno.

Ela convocou alguns dos outros criados e antes que Malvólio soubesse o que estava acontecendo, ele estava sendo amarrado e levado.

Enquanto isso, Viola havia retornado ao Conde Orsino.

- Temo que ela não quis saber, meu senhor - ela lhe disse, desajeitadamente.

- Oh Cesário - gemeu Orsino - ninguém entende como é doloroso sentir tanto amor e não o ter de volta.

"Na verdade, eu entendo", pensou Viola para si mesma. "Se eu pudesse lhe dizer!"

Olivia estava sentada em seu jardim quando viu Cesário. Emocionada por não tê-lo assustado, afinal, ela correu para ele.

- Estou tão feliz por você estar aqui! Eu te amo, e não há mais nada a dizer. Por favor, querido, você vai se casar comigo? Diga que sim. Tenho tido o amor de muitos homens, mas eu mesma nunca me apaixonei, até agora.

Agora, o que Olivia não sabia é que ela não estava falando com Cesário, mas com o irmão gêmeo de Viola, Sebastian! Ele também tinha sobrevivido ao naufrágio, mas tinha se arrastado por uma parte muito diferente da costa em relação a Viola e desde então andava pelo país em busca de um lar. Ele ficou surpreso com a declaração de amor de Olivia, mas ela era uma bela senhora e ele descobriu que gostava muito dela.

- Eu não entendo, mas sim - disse ele.

Olivia ficou encantada, nem imaginava a confusão, e os dois correram para a capela, de mãos dadas. Mais tarde naquele dia, Orsino decidiu ir ele mesmo à casa de Olivia, com todos os seus servos, e declarar seu amor. Para sua consternação, quando Olivia saiu para vê-lo, ela mal olhou para ele e, em vez disso, olhou fixamente para Cesário.

- Bela Olivia, vim para declarar mais uma vez meu amor e pedir-lhe em casamento - disse Orsino, em alto e bom som.

Olivia desviou os olhos de Cesário, corando.

- Conde Orsino, já disse muitas vezes antes que não me casarei com você, e agora lhe direi que não posso me casar com você pois já estou casada com Cesário.

Orsino se voltou para Viola, parecendo tão magoado como se ela o tivesse acabado de apunhalar no coração.

- Meu senhor, não é verdade - protestou ela.
- É sim! - Olivia exclamou - veja, aqui está o padre que nos casou! Padre, você não ouviu este homem e eu dizendo nossos votos há pouco tempo?

O velho padre que ela havia parado olhou para Viola e acenou com a cabeça.

- Sim, agora há pouco.

Orsino gritou com Viola.

- Cesário, como você pôde mentir para mim?

Viola não sabia o que dizer. Ela mal podia negar esta mentira sem revelar a outra que vinha lhe contando há meses! Enquanto ela estava de pé, congelada, ela ficou chocada ao ver Sebastian aparecendo do nada!

Ele passou direto para Olivia e lhe deu um beijo na bochecha. Olivia ofegou ao olhar Sebastian e Viola e exclamou.

- Vocês têm a mesma cara!

Sebastian franziu a sobrancelha.

- Mas, eu não tenho um irmão!

Viola tirou o seu disfarce e disse com alegria:

- Sebastian, sou eu, sua irmã, Viola!

- Viola! - Sebastian correu para ela e os gêmeos se abraçaram.

Toda a grande confusão foi resolvida. Viola explicou por que ela tinha se disfarçado e Olivia ficou aliviada ao descobrir que era Sebastian com quem ela havia se casado. Então, Viola ficou livre para dizer a Orsino o quanto ela o amava. Orsino ficou encantado e pediu-a em casamento imediatamente. Os dois casais planejaram um casamento conjunto.

Olivia mandou chamar Malvólio para ajudá-la a planejar a cerimônia. Ele chegou de mau humor, brandindo a carta falsa:

- Por que fui tratado assim, quando você escreveu que me amava?

Olivia franziu a sobrancelha.

- Mas, eu não o amo. Do que você está falando?

Malvólio atirou a carta para ela. Olivia a leu e riu.

- Essa não é a minha letra, é a de Maria! Eu acho que você foi enganado, Malvólio.

Malvólio ficou furioso e jurou vingança, mas todos acharam que era uma piada brilhante.

E assim, os dois casais viveram felizes para sempre.

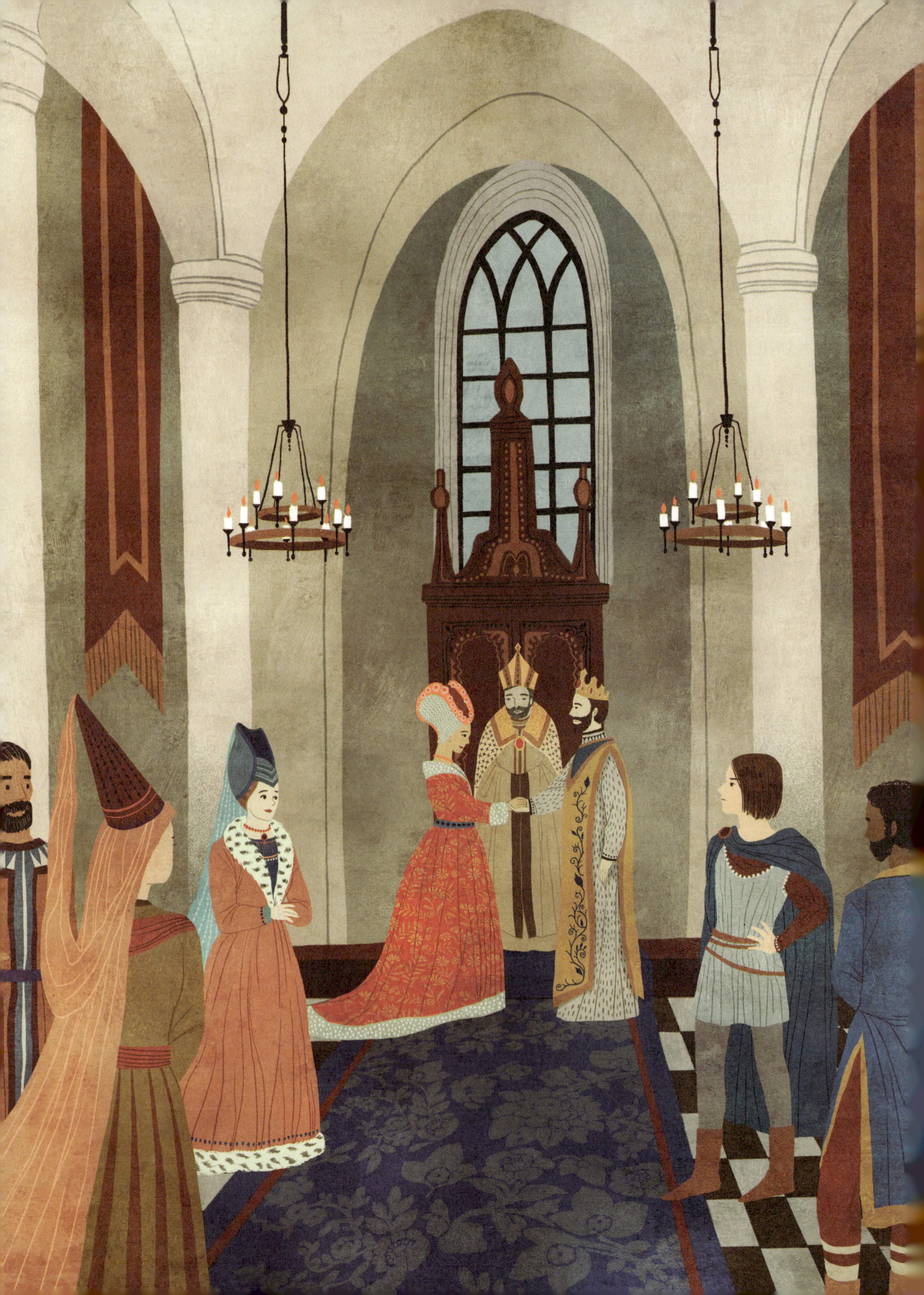

hamlet

Há muito tempo, no reino da Dinamarca, vivia um rei bom e sábio. Ele era amado por seus súditos e, quando morreu de repente, todo o reino entrou em profundo luto. Ninguém estava mais perturbado do que seu filho adulto, Hamlet. Ele não entendeu como seu pai havia morrido e sentiu como se tivesse mergulhado em um pesadelo.

Apenas dias depois, a mãe de Hamlet, Gertrudes, anunciou que iria se casar com seu tio Cláudio, o irmão do falecido rei.

- Como você pode fazer uma coisa dessas? - Hamlet lhe perguntou.

- Seu tio Cláudio é um bom homem - disse Gertrudes - e não sei governar sozinha. Ele está me ajudando.

- Acho que ele está ajudando a si mesmo - murmurou Hamlet.

Ele ficou tão triste, que achou difícil dormir ou se acomodar a qualquer coisa. O velho amigo de Hamlet, Horácio, decidiu visitar o príncipe perturbado. Horácio vivia muito longe, por isso, sua viagem ao castelo levou algum tempo. Ele chegou tarde da noite, quando todos já tinham ido dormir. Hamlet estava em seu próprio quarto, acordado e se virando em sua cama.

Horácio foi saudado pelos guardas em seus postos e ficou confuso ao achá-los bastante nervosos.

- É uma coisa muito estranha - disse um deles, com uma voz trêmula - mas temos certeza de que vimos um fantasma passar pouco antes de você chegar.

- Sim, e ele parecia exatamente como o rei morto - acrescentou outro.

Horácio estava confuso. Ele não acreditava em fantasmas, então, ele se perguntava o que eles tinham visto. Um momento depois, ele avistou uma figura suavemente brilhante perseguindo ao longo dos postos de guarda. Ele se aproximou. Horácio se engasgou. Era realmente o rei morto, em forma fantasmagórica, vagando ao redor de seu velho castelo.

- Algo não está certo - murmurou Horácio - por que o espírito de nosso rei não está em repouso?

Na manhã seguinte, quando Horácio saudou Hamlet, ele lhe falou sobre ter visto o fantasma de seu pai na noite anterior. Hamlet queria mais do que tudo ver o fantasma ele mesmo, então, resolveu caminhar pelas guaritas naquela noite.

Quando o castelo estava escuro e quieto, Hamlet escapou de seu quarto e vagou pelo castelo iluminado pela Lua. Uma brisa fria repentina agitou o ar calmo e, virando-se, Hamlet viu o fantasma de seu pai aparecer em um canto.

- Pai! - ele chamou.

- Hamlet - respondeu seu pai - meu bom e querido filho.

- Pai, por que você assombra estes corredores? - Hamlet perguntou - por que você não descansa em paz?

- Não posso ter paz enquanto meu assassino está sentado em meu trono - disse o fantasma, ferozmente.

Hamlet se surpreendeu.

- Você se refere ao meu tio Cláudio? Ele o assassinou?

- Sim, ele me matou - disse o fantasma. Ele estava começando a desvanecer-se - precisava que você soubesse o que ele é - ele estava desaparecendo cada vez mais.

- Vou me vingar dele - prometeu Hamlet - não descansarei até que o faça, pai. Você pode contar comigo.

Quando o fantasma desvaneceu para o nada, Hamlet colocou sua cabeça nas mãos, murmurando para si mesmo.

- Vou encontrar uma maneira de provar o que Cláudio fez e castigá-lo, mesmo que seja a última coisa que eu faça.

Hamlet apareceu no café da manhã do dia seguinte quase tão pálido quanto o fantasma de seu pai. Ele tinha passado a noite acordado tentando pensar em maneiras de provar o que seu tio tinha feito, sem sucesso. Não havia pistas do assassinato.

Enquanto ele se sentava, olhando para o tio sentado no lugar do pai, uma trupe de atores chegou ao castelo. Eles percorriam o país todos os anos e Hamlet já os tinha encontrado muitas vezes antes. E quando foi cumprimentá-los, de repente, teve uma ideia do que poderia fazer para revelar o que seu tio havia feito.

"Vou reencenar o assassinato na frente dele e fazer com que todos vejam sua reação". Hamlet disse a si mesmo.

Ele disse aos atores que queria escrever uma peça de teatro para que eles atuassem naquela noite.

- É uma peça muito especial, muito próxima ao meu coração. Vocês vão fazer isso? - perguntou ele.

- Claro, Príncipe Hamlet - respondeu o líder da trupe - qualquer coisa para facilitar um pouco este momento difícil para você.

Os atores decidiram ser o mais leve e engraçados possível para levantar o espírito de Hamlet. Então, eles ficaram surpresos quando ele lhes apresentou um drama sinistro.

- É sobre o Duque de Viena - anunciou Hamlet - ele é assassinado por seu sobrinho, Luciano. E, então, Luciano se casa com sua viúva, Baptista, quando ela deveria estar de luto por seu pobre marido morto.

Os atores trocaram olhares preocupados.

- Você tem certeza de que esta é a peça que você quer? - perguntou o líder da trupe.

- Estou bastante certo - respondeu Hamlet.

Então, ele foi e encontrou Horácio e contou-lhe tudo o que o fantasma lhe havia contado. Horácio ficou atônito com as notícias e prometeu ajudar Hamlet a observar Cláudio para ver sua reação à peça.

Todos estavam reunidos no salão para a peça. Cláudio e Gertrudes sentaram-se em seus tronos acima de todos os outros e a peça começou.

Com certeza, quando chegaram à parte sobre Luciano assassinar o Duque de Viena, Cláudio se levantou.

- Não vou mais assistir a essa conversa fiada - ele gritou, antes de sair raivosamente da sala - venha, Gertrudes.

Hamlet cutucou Horácio.

- Isso é certamente uma prova. Ele não suporta assistir!

- Concordo - disse Horácio.

Mas, ninguém mais na sala parecia suspeitar da verdadeira razão pela qual Cláudio não tinha gostado da peça.

- Muito deprimente para estes tristes tempos. O rei estava certo em impedi-los - alguém perto de Hamlet murmurou.

- Tentamos dizer a ele - encolheu os ombros o líder da trupe enquanto reuniam seus adereços.

Hamlet estava abatido por seu plano não ter funcionado.

Pior ainda, Cláudio convenceu Gertrudes a mandar Hamlet para a Inglaterra por um tempo.

- Ele pode ser nosso embaixador lá - anunciou Cláudio - e isso lhe dará uma chance de superar a morte de seu pai, onde ele não estará constantemente lembrando dele.

Assim, Hamlet foi embarcado no primeiro navio navegando para a Inglaterra, junto com dois dos guardas reais.

Cláudio, secretamente, deu aos guardas um envelope selado contendo ordens aos ingleses para matar Hamlet. Quando a viagem terminou, Hamlet descobriu o envelope e o que ele dizia. Ele ficou chateado por seus guardas estarem no plano para matá-lo, uma vez que pensava que eram amigos. Então, secretamente, ele substituiu a carta por

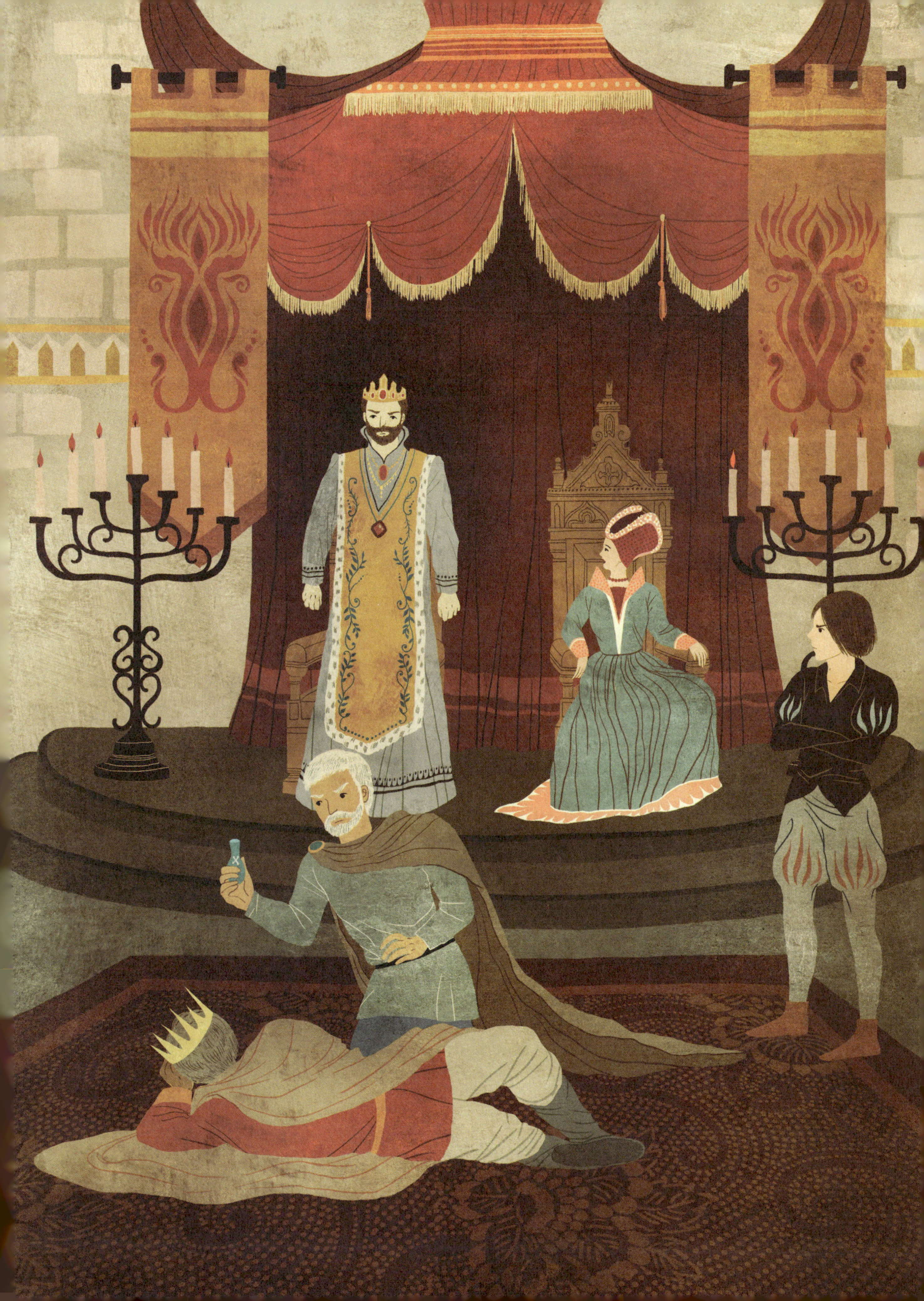

uma nova, instruindo os ingleses a matar os dois guardas. Depois, quando o navio passou por outro, ele saltou entre os dois e começou sua viagem secreta de volta à Dinamarca.

No caminho, o fantasma de seu pai apareceu para ele novamente.

- Hamlet, você deve se vingar de seu tio. Mate-o, antes que ele possa fazer mais estragos. Ele é um homem perigoso e nunca vai parar de tentar matá-lo agora que você sabe a verdade.

Cláudio ficou chocado e zangado quando Hamlet reapareceu no palácio, mas fez o melhor que pôde para esconder.

- Hamlet, você voltou tão cedo!
- Estou tão feliz em ver meu filho - Gertrudes falou - foi um erro mandá-lo embora.

Hamlet olhou fixamente para seu tio, enquanto ele respondia:

- Sim, foi.

Cláudio estava pensando rápido.

- Vamos fazer um banquete! Um banquete para recebê-lo em casa! Tragam comida fina e vinho!

Os criados se apressaram para preparar tudo. Hamlet sabia que não seria capaz de matar seu tio enquanto todos estavam festejando, então, ele disse a si mesmo que esperaria um pouco mais.

Cláudio instruiu secretamente um dos criados a colocar veneno no vinho destinado a Hamlet. Quando as taças foram levadas à mesa, Gertrudes pegou duas e entregou uma a Hamlet.

- Ao meu filho, meu maravilhoso Hamlet - ela brindou.

Então, ela tomou um gole e, instantaneamente, seu rosto ficou branco de morte. Ela começou a sufocar e, um momento depois, caiu na cadeira, morta.

- Minha mãe foi envenenada - Hamlet chorou, saltando para abraçar seu corpo. Ele olhou de relance para Cláudio - você fez isso! Eu o desafio para um duelo.

- Muito bem! - Cláudio concordou - vou me livrar de você de uma vez por todas. Eu mesmo o matarei!

Os convidados arfaram de horror. Os guardas pegaram suas armas, mas Cláudio os impediu de intervir.

Hamlet desembainhou sua espada e enfrentou seu tio. Com um rugido, Hamlet saltou para frente, balançando sua espada o mais forte que pôde. Cláudio bloqueou o golpe e o devolveu com um de seus próprios golpes. Eles começaram a duelar ferozmente, por toda a sala do trono. Hamlet estava cheio de fúria e ganhava força a cada minuto.

- Você matou meu pai e minha mãe. E agora você está tentando me matar! Você é um traidor! - gritou ele.

- Sou um rei melhor do que você ou seu pai jamais poderiam ser! - Cláudio respondeu.

Cláudio era maior e mais forte, mas estava ficando cansado. Todos podiam ver que Hamlet estava ganhando vantagem, até que a lâmina de Cláudio lhe cortou o braço. O corte não foi profundo, mas imediatamente Hamlet ficou tão pálido quanto Gertrudes e começou a tremer. Ele caiu de joelhos.

- Havia veneno na lâmina - Horácio gritou - o rei Cláudio é um vilão!

Hamlet olhou para cima, para o sorriso cruel de seu tio. Invocando a última de suas forças, ele saltou em pé e encostou Cláudio no canto.

- Hamlet, por favor! Desculpe, eu não quis dizer... - Cláudio arfou desesperadamente.

- Você não quis matar seu rei, sua rainha e seu príncipe? - Hamlet rosnou - morrerei sabendo que morri fazendo algo de bom, vingando meus pais. Vai morrer covarde e traidor, e agora, todos sabem disso.

Com isso, ele enfiou sua espada diretamente no coração maligno de Cláudio, que caiu morto.

Hamlet cambaleou para os braços de Horácio.

- Horácio, certifique-se de contar-lhes tudo - ele sussurrou enquanto respirava fundo.

- Eu vou - sussurrou Horácio de volta.

Depois daquele dia, Horácio fez sua missão de contar a história verdadeira para todo o reino e assegurar-se de que Hamlet seria lembrado para sempre como seu príncipe herói.

Otelo

Há muito tempo, em Veneza, um homem rico chamado Rodrigo havia passado vários meses cortejando uma nobre senhora chamada Desdêmona. Mas, uma noite, seu amigo Iago veio visitá-lo com uma notícia preocupante. Iago era um soldado do exército veneziano.

- Sinto muito dizer isso, Rodrigo - disse Iago - mas Desdêmona ama outro. Na verdade, ela já se casou com ele, em segredo. Eu sei por que ele é meu chefe, o General Otelo.

O General Otelo era famoso em Veneza. Ele era de uma misteriosa terra estrangeira, e isso significava que muitos venezianos não confiavam nele, apesar de ser um excelente general e um cidadão leal. Otelo sentia que a desconfiança nele era injusta. Ele tinha que trabalhar duas vezes mais do que os outros soldados para ganhar respeito. Rodrigo era uma das pessoas que não gostavam de Otelo e ficou furioso ao saber que ele tinha se casado com Desdêmona.

- Acredite, também não morro de amores por Otelo - disse Iago - queria ser promovido a tenente e ele escolheu Michael Cássio em meu lugar. Mas, não desisti. Devemos ir e contar isto ao pai de Desdêmona, o senador Brabâncio. Ele odeia Otelo.

Os dois homens foram até a casa do senador Brabâncio e lhe contaram o que sua filha havia feito.

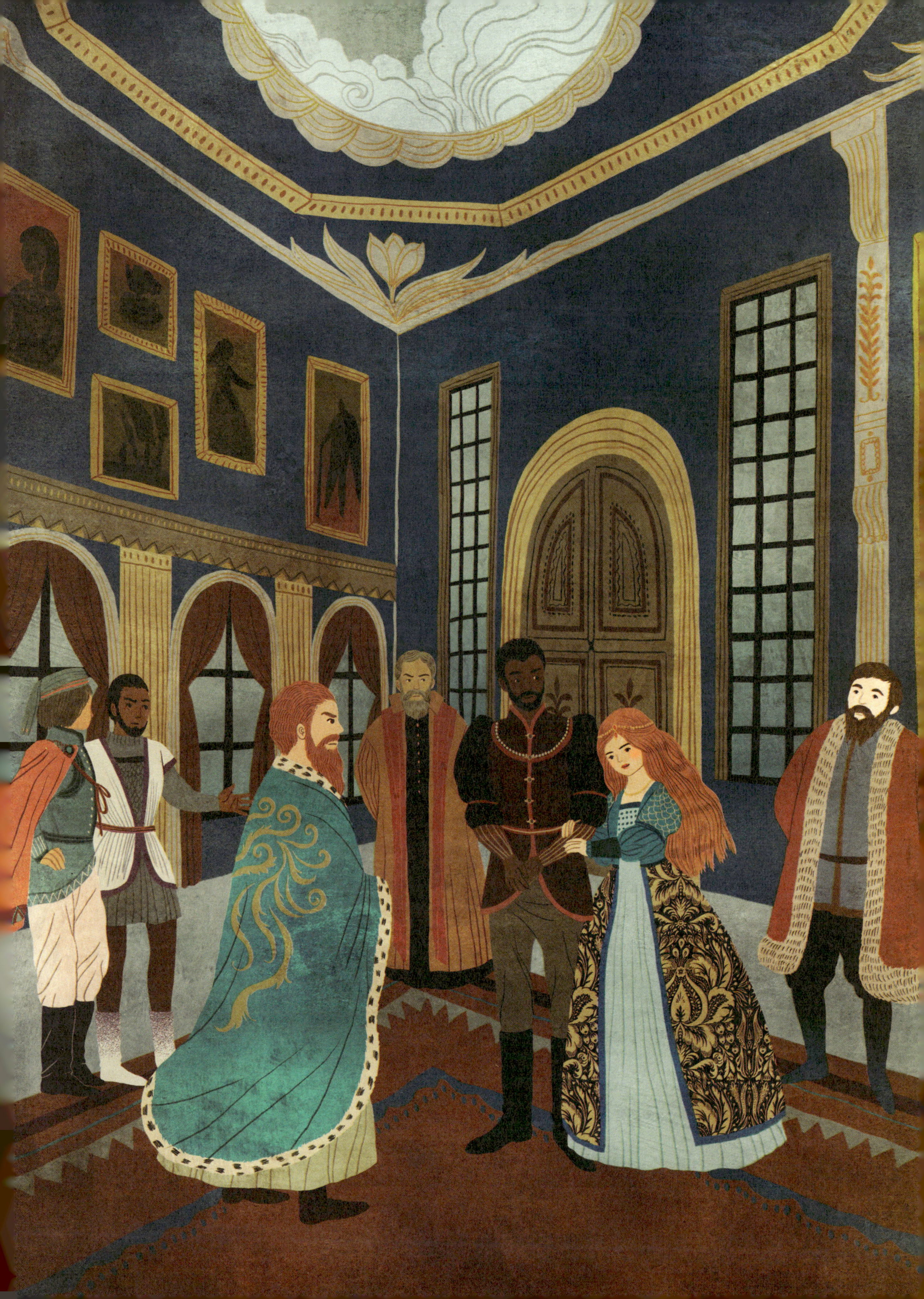

- Como ousa aquele homem casar-se com minha filha sem o meu consentimento?! - Brabâncio gritou - mande soldados para prendê-lo, imediatamente!

Mas, naquele momento, um mensageiro chegou para dizer que havia uma reunião de emergência do Senado. A frota turca tinha sido avistada no caminho para invadir o Chipre. Quando Brabâncio chegou ao senado, o General Otelo estava no meio de um discurso.

- Oi Brabâncio - disse um dos outros senadores - acabamos de colocar o General Otelo no comando de um exército para lutar contra os turcos.

- Esse homem não está apto a ser colocado no comando de nada - rosnou Brabâncio - ele se casou com minha filha sem meu consentimento, e quero que ele seja punido!

Houve tumulto. Muitos dos membros do senado não gostavam de Otelo só porque ele não era veneziano, mas muitos outros não eram tão preconceituosos e achavam que Brabâncio estava sendo injusto.

Otelo levantou as mãos.

- Se me permite explicar, bom Brabâncio. Casei-me com sua linda filha, Desdêmona, simplesmente porque estamos loucamente apaixonados.

- Apaixonados? - Brabâncio vociferou - como se minha filha pudesse amar alguém como você.

- Por que não a chamamos e perguntamos aqui? - Otelo sugeriu calmamente.

Então, Desdêmona foi trazida ao senado. Lá, ela disse ao pai que Otelo estava dizendo a verdade.

- Casei-me com ele porque ele é o melhor homem que já conheci e o amo - chorou ela - e nos casamos em segredo porque sabíamos que você tentaria proibir, pai.

- Sua criança tola! - Brabâncio trovejou - bem, não se preocupe comigo se a proíbo de fazer qualquer outra coisa. Eu te deserdo! A partir deste momento, não tenho filha.

- Ótimo! - vociferou Desdêmona - irei com Otelo em sua missão ao Chipre. Ficaremos bem contentes de ficar longe de você!

Quando os recém-casados chegaram ao Chipre, junto com o Tenente Cássio, Iago e a esposa, Emília, a frota turca já havia se retirado, Otelo anunciou que eles teriam uma noite de festa.

Rodrigo chegou ao Chipre ainda determinado a conquistar o amor de Desdêmona.

Iago não se importou muito se Rodrigo teria sucesso em conquistar Desdêmona, mas ele ainda queria vingança contra Cássio por ter sido promovido acima dele, e pensou que poderia usar Rodrigo para fazer isso.

- Ei Rodrigo - ele sussurrou - Otelo é o menor de seus problemas. Desdêmona está se apaixonando por Cássio agora! Acho que você deveria desafiá-lo para um duelo hoje à noite. Deixe-a ver como você é másculo.

- Boa ideia. Obrigado, amigo - disse Rodrigo.

Naquela noite, Iago certificou-se de que Cássio tinha bebido muito vinho e comido bastante, e estava se sentindo bastante mal-humorado. Quando Rodrigo o desafiou para um duelo, Cássio foi rápido para enfrentá-lo. Os dois homens começaram a lutar com as espadas, e isso rapidamente se transformou em uma briga. Outros soldados se apressaram para interromper.

Otelo ficou furioso.

- Rodrigo, você nem deveria estar aqui. Saia imediatamente. Cássio, eu confiei em você como meu tenente. Você não pode estar brigando desta maneira! Vou ter que retirar sua promoção.

Na manhã seguinte, machucado e envergonhado, Cássio não sabia o que fazer. Iago dirigiu-se a ele.

- Otelo é teimoso - disse ele - ele só ouve Desdêmona. Pergunte a ela se você pode ter seu emprego de volta.

Cássio se animou:

- Eu vou, obrigado, Iago!

Ele se apressou para encontrar Desdêmona.

Enquanto isso, Iago foi procurar Otelo.

- Senhor, tenho algo preocupante para lhe dizer - disse ele.

- O que é? - perguntou Otelo.

Iago fez um show para parecer desconfortável.

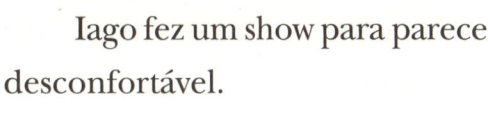

- Receio que sua esposa pareça estar se aproximando bastante de Cássio. Já os vi falando muito juntos.

Otelo franziu a sobrancelha:

- Certamente, não.

Iago encolheu os ombros.

- Não tenho motivos para mentir, senhor.

Cássio foi até Desdêmona e implorou que ela o ajudasse a recuperar seu emprego. Ela, gentilmente, concordou. Ela foi procurar Otelo e perguntou se seria possível para ele ajudar Cássio.

Otelo ficou desconfiado, lembrando-se do que Iago acabara de lhe dizer.

- Mas, por que você se importa?

- Por que não haveria de me importar? - disse Desdêmona - Cássio é um homem bom e leal. Um erro não basta para colocá-lo de lado, certo?

- Ele só cometeu um erro? - Otelo rosnou, suspeitando – obrigado por seus conselhos, mas ouvirei as pessoas em quem posso confiar, obrigado.

- Você pode confiar em mim! - Desdêmona protestou.

- Não tenho tanta certeza - Otelo vociferou.

Ele marchou, perguntando-se se Iago estava certo e se sua esposa estava apaixonada por Cássio.

Em seguida, Iago foi ter com sua esposa, Emília.

- Querida, não pergunte por que, mas preciso que você roube o lenço bordado de Desdêmona que Otelo lhe deu.

- Aquele com os morangos? - perguntou Emília.

- Sim - disse Iago - traga-o para mim, por favor.

Emília fez como ele pediu, e Iago pegou o lenço e o escondeu onde sabia que Cássio o encontraria. Cássio avistou o lenço bonito e o pegou. "Isto é bonito, eu me pergunto a quem pertence", murmurou ele para si mesmo.

Otelo o avistou com o lenço.

84

- Esse foi o primeiro presente que dei a Desdêmona! - ele arfou - e ela o deu a ele! Iago deve estar certo. Desdêmona ama Cássio!

Ele foi apressadamente para a sala de estar onde Desdêmona estava costurando com Emília.

- Se você não me ama mais, diga-me! - gritou ele.

- Do que você está falando? - Desdêmona perguntou-lhe, confusa.

- Eu não a obriguei a casar-se comigo, então, por que você está agindo assim?! - Otelo gritou. Ele se virou e foi embora, sentindo-se profundamente perturbado.

Desdêmona começou a chorar.

- Eu não sei o que ele pensa que eu fiz. Estou fazendo o meu melhor para ser uma boa esposa - disse ela.

Emília lhe deu um abraço.

- Talvez, seja o estresse do trabalho. Tenho certeza de que ele cairá em si.

Enquanto isso, Rodrigo tinha visto Cássio também com o lenço.

- Iago estava certo - disse ele para si mesmo - Cássio está tentando roubar Desdêmona de Otelo! Eu a queria primeiro!

Tarde daquela noite, quando as senhoras já tinham ido para a cama, Rodrigo desafiou Cássio para outro duelo. Iago os observou de perto. Ele sabia que se Cássio estivesse morto, ele seria o próximo na fila para ser tenente. Rodrigo feriu Cássio, antes de ser preso e levado embora. Cássio estava em sofrimento, mas a ferida não era muito grave.

"É uma pena", Iago murmurou para si mesmo.

Enquanto isso, Otelo não tinha conseguido se concentrar em seus deveres e tinha ido enfrentar Desdêmona.

- Se você ama Cássio, diga-me - exigiu ele, chutando a porta do quarto aberta.

Desdêmona estava dormindo profundamente. Ela se sentou num pulo.

- Do que você está falando? - gemeu ela.

- Não se faça de boba comigo! - Otelo bramiu.

- Não estou! Eu não entendo por que você não confia em mim! Que diabos fiz para merecer que me fale assim? O que se tornou do tipo de homem decente com quem me casei? Você não é quem eu pensava que fosse - Desdêmona gritou de volta.

Otelo estava tão bravo que se perdeu de raiva. Ele agarrou o travesseiro e o segurou sobre o rosto dela para impedir que ela gritasse. Ele a segurou por muito tempo, e ela logo parou de respirar.

Seus gritos despertaram o resto da casa e Emília veio correndo.

- Desdêmona, o que... - Emília perguntou, então parou, horrorizada, quando viu o corpo de sua amada amiga.

- Ela era infiel, ela amava Cássio! E eu tenho provas - disse Otelo - ela lhe deu seu lenço de morangos.

- Ela não o fez! - Emília soluçou - tenho medo de ter levado o lenço dela, Otelo. Mas, só o fiz porque Iago me pediu, por algum tipo de plano. Por alguma razão, ele está por trás desta confusão.

Otelo olhou para o pobre corpo de Desdêmona e sentiu uma onda de tanto pesar e vergonha.

- Oh, o que eu fiz? Minha Desdêmona, meu amor, eu a matei! - ele gritou.

Otelo pediu que Iago fosse levado para lá imediatamente.

Iago chegou, baixando sua cabeça de vergonha. Ele admitiu que havia planejado fazer parecer que Desdêmona amava Cássio para que Otelo mandasse Cássio embora e fizesse Iago tenente.

- Seu homem bestial! - Emília gritou - você teria rompido o casamento de minha melhor amiga para se promover em sua carreira? Veja o que você fez. Suas tramas infelizes mataram minha amiga. Tudo por uma promoção! Eu não quero mais ser sua esposa. Vou embora.

Otelo foi tomado de desgosto e desespero ao segurar o corpo de Desdêmona.

- Oh, meu amor, não posso viver sem você! - chorou ele - sinto muito.

Ele não podia suportar a culpa e a vergonha que estava sentindo, então, tirou sua adaga da bainha e apunhalou o próprio coração.

Iago tinha vergonha de si mesmo por ter colocado tantos eventos tão trágicos em ação. Ele renunciou ao exército, e nunca mais cometeu o erro de não respeitar uma mulher. Ele sempre lamentou que seu orgulho e temperamento lhe tivessem custado sua esposa.

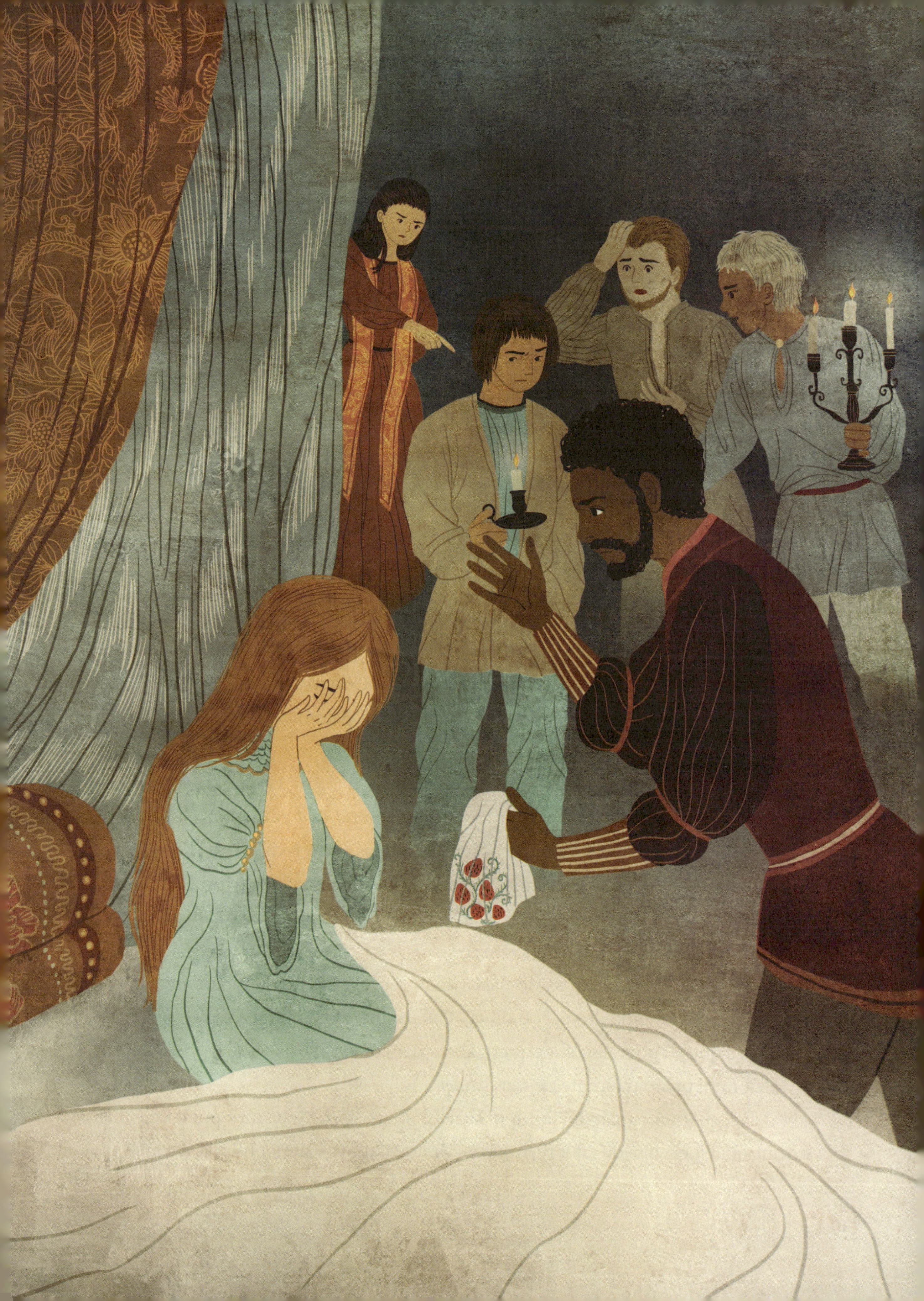

Rei Lear

Há muito tempo, a antiga Grã-Bretanha era governada por um rei chamado Lear. Sua esposa havia morrido há muitos anos, mas seu espírito estava vivo em suas três filhas, as quais ele estimava. Goneril, sua mais velha, era barulhenta e cheia de opinião. Regan, a filha do meio, era aventureira, enquanto Cordélia, sua filha mais nova, era mansa e gentil.

As meninas estavam todas noivas de homens poderosos. Goneril deveria se casar com o Duque da Albany. Regan estava noiva do Duque de Cornualha, e Cordélia foi prometida ao Duque de Borgonha. Como suas filhas eram todas crescidas e Lear era bastante velho, ele decidiu que tinha chegado a hora de passar seu reino. Ele não tinha filhos, então, uma de suas filhas herdaria, mas ele não sabia como escolher qual delas.

Ele as chamou em sua sala do trono.

- Meninas, chegou a hora de passar meu reino adiante. Eu as amo igualmente, portanto, escolher uma de vocês é difícil. Quero que cada uma me diga o quanto me ama, para que eu possa escolher quem abençoar com grande fortuna.

Goneril pulou na frente de suas irmãs.

- Pai, eu te amo mais do que as palavras podem dizer. Meu amor por você é maior do que qualquer coisa de valor no mundo. Tanto quanto qualquer filha já amou seu pai.

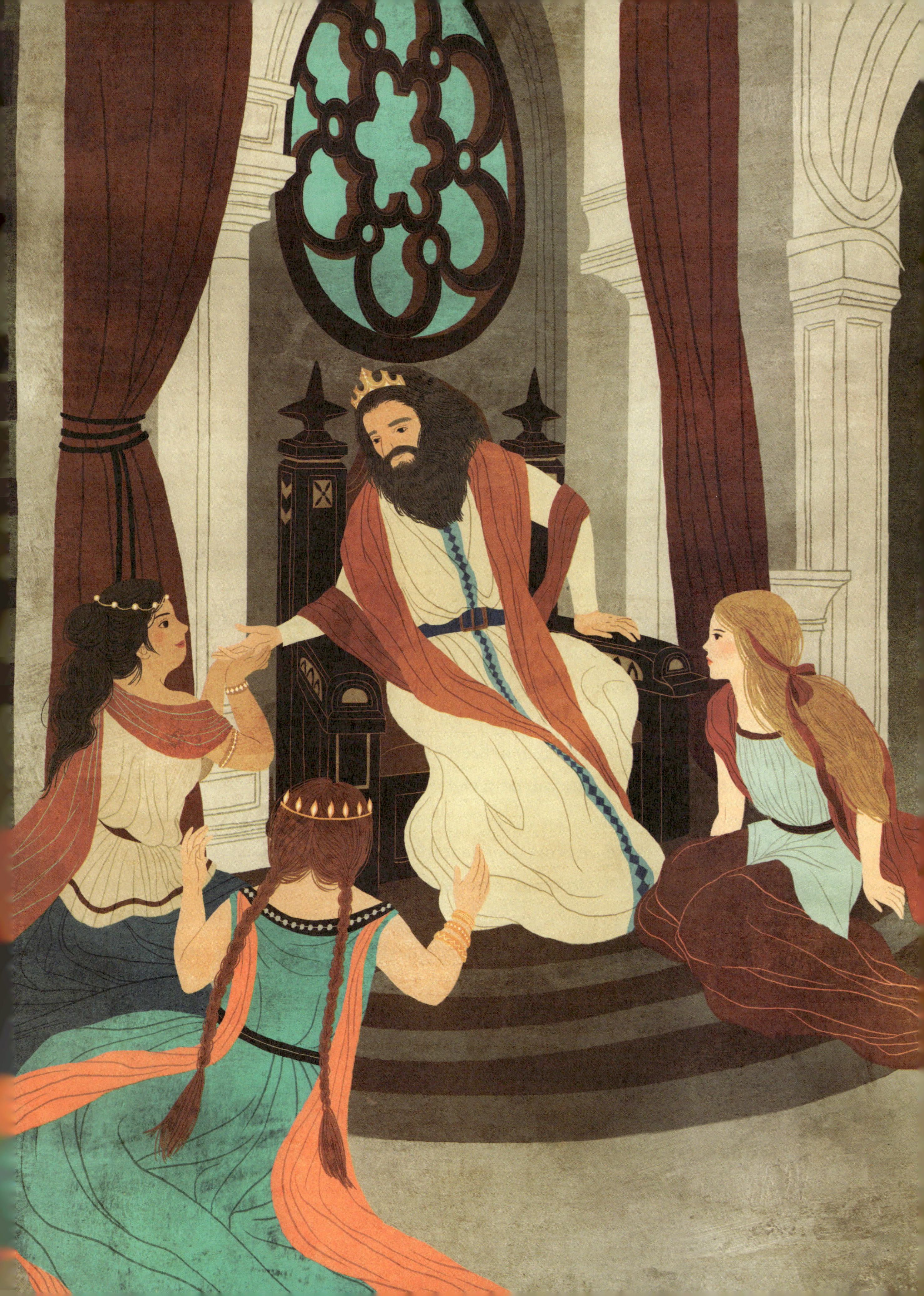

O rei Lear acenou com a cabeça.

- Um belo discurso, Goneril. Posso dizer o quanto você me ama.

Regan acotovelou sua irmã para fora do caminho.

- Pai, eu sou tão boa quanto Goneril e te amo exatamente como ela e muito mais. Somente seu amor pode me fazer feliz.

O Rei Lear sorriu para ela.

- Belas palavras, minha querida.

Todos se voltaram para Cordélia, que parecia estranha.

- Cordélia - o pai dela provocou - você não tem nada a dizer?

- Nada - disse Cordélia.

Suas irmãs ofegavam e seu pai franzia a sobrancelha.

- O que você quer dizer com isso? Você não me ama? Você não quer herdar o reino?

Cordélia encolheu os ombros.

- Goneril e Regan estão exagerando. Não posso afirmar que o amo mais do que qualquer outra pessoa quando estou noiva. Claro que eu o amo, assim como qualquer filha ama seu pai. Mas, não lhe direi mentiras.

Lear olhou para ela com desconfiança.

- E isso é tudo o que você tem a dizer?

Cordélia olhou diretamente para ele.

- Essa é a verdade.

- Bem, espero que você possa viver da verdade para o resto de sua vida, porque você não está recebendo nada do reino, nem da minha fortuna - Lear vociferou - Goneril e Regan, vocês herdarão meu reino. Vocês terão metade cada uma e eu dividirei meu tempo entre suas casas. Pois vocês são minhas duas filhas, igualmente amadas. Cordélia, saia da minha vista.

O coração de Cordélia estava partido para ser tão cruelmente dispensada por seu pai. Antes que ela pudesse reunir suas coisas para deixar o castelo, o Duque de Borgonha chegou.

- Rei Lear - ele fez uma reverência - é quase o dia do casamento de Cordélia e eu. Estou aqui para discutir o dote dela. Que dinheiro você nos dará quando nos casarmos?

- Bem, isto deve ser rápido - disse Lear, secamente - ela não terá nada. Ela não é mais minha filha. Meu reino está sendo dividido entre Goneril e Regan, pois elas amam o pai delas como deveriam.

- Parece que você escolheu a irmã errada - disse Goneril sorrindo.

O Duque ficou furioso.

- Se você me insultar assim, eu não me casarei com ela - ele vociferou.

- Pai, isto não é justo! Só porque eu não vou mentir sobre o quanto eu o amo! - gritou Cordélia.

Mas, nada poderia persuadir Lear a mudar de ideia.

Aconteceu que o Rei da França estava presente na corte naquele dia e ficou impressionado com o quão verdadeira Cordélia era.

- Querida Cordélia, se o Duque de Borgonha não quiser mais se casar com você, eu gostaria muito - disse ele - posso ver que você é boa, verdadeira e bondosa.

Cordélia concordou em casar-se com o Rei da França e deixou a corte naquele dia. No dia seguinte, Goneril casou-se com o Duque de Albany e foi morar em seu castelo. Regan casou-se com o Duque da Cornualha e mudou-se para seu castelo. Lear desistiu de seu castelo real e foi passar os primeiros meses com Goneril. Apesar de não governar mais a Grã-Bretanha, ele ainda tinha uma grande multidão de seguidores. Uma centena deles veio com ele. Não era a vida de casada pacífica que Goneril esperava.

Quando acordou, uma centena de homens e mulheres já estava tomando o café da manhã. Quando ela quis dar um passeio, seu quintal estava cheio de pessoas realizando torneios de tiro com arco, passeando, ou jogando. Quando voltou, os corredores estavam repletos de dezenas de capas pesadas e botas muito barrentas. Eles faziam festas todas as noites enquanto ela tentava dormir.

- Pelo amor de Deus, pai. Isto é horrível! Quem me dera você nunca tivesse vindo para ficar! - Goneril exclamou um dia.

- Mas, você disse que me amava! - protestou Lear - mais do que as palavras poderiam dizer! Certamente, você me ama o suficiente para aturar meus seguidores?

- Ninguém poderia amá-lo o suficiente para isso - Goneril respondeu rispidamente e abriu caminho através das multidões.

Lear decidiu partir imediatamente.

- Talvez, Goneril não me aprecie, mas tenho certeza de que Regan o fará.

Ele tinha ouvido que Regan e seu marido estavam hospedados com o Duque de Gloucester, então, ele e seus seguidores partiram para aquele castelo no dia seguinte. Foi uma longa viagem, mas quando chegaram, Regan já havia recebido uma carta de sua irmã, avisando-a de como seu pai e seus seguidores haviam sido cansativos.

- Não, você não pode entrar - ela gritou, com Lear suplicando do lado de fora da porta - você não é nada além de um incômodo idoso. Você desistiu de seu reino, então, por que você ainda está com todas essas pessoas? Você não tem mais corte e não tem coroa. Agora vá embora!

Lear ficou envergonhado com a porta sendo batida em sua cara. Gradualmente, seus seguidores começaram a se afastar, murmurando sobre o quão patético ele era, até que só ele e seu dedicado bobo da corte, o Bobo, saíram.

Lear e o Bobo começaram a vaguear no pântano sombrio.

- Bobo, o que vai ser de nós? Nós não temos casa. Minhas filhas, que disseram que me amavam, estavam mentindo. Eu deveria ter escutado Cordélia. Ela se recusou a me lisonjear com elogios sem sentido e foi sempre uma filha gentil. Oh, como gostaria de não a ter mandado embora - Lear gemeu.

Nuvens escuras de tempestade começaram a rolar e os dois companheiros foram agredidos pelos ventos e encharcados pela chuva, sem nenhum lugar para onde ir para aliviar seu sofrimento. Lear ficou doente, e sua mente ficou muito perturbada. Ele não conseguia se lembrar onde estava. Ele não reconhecia o Bobo quando olhou para ele.

- Oh, querida Cordélia! - ele lamentou ao vento - esqueci seu rosto. Me esqueci de mim mesmo! Mas, conheço seu coração!

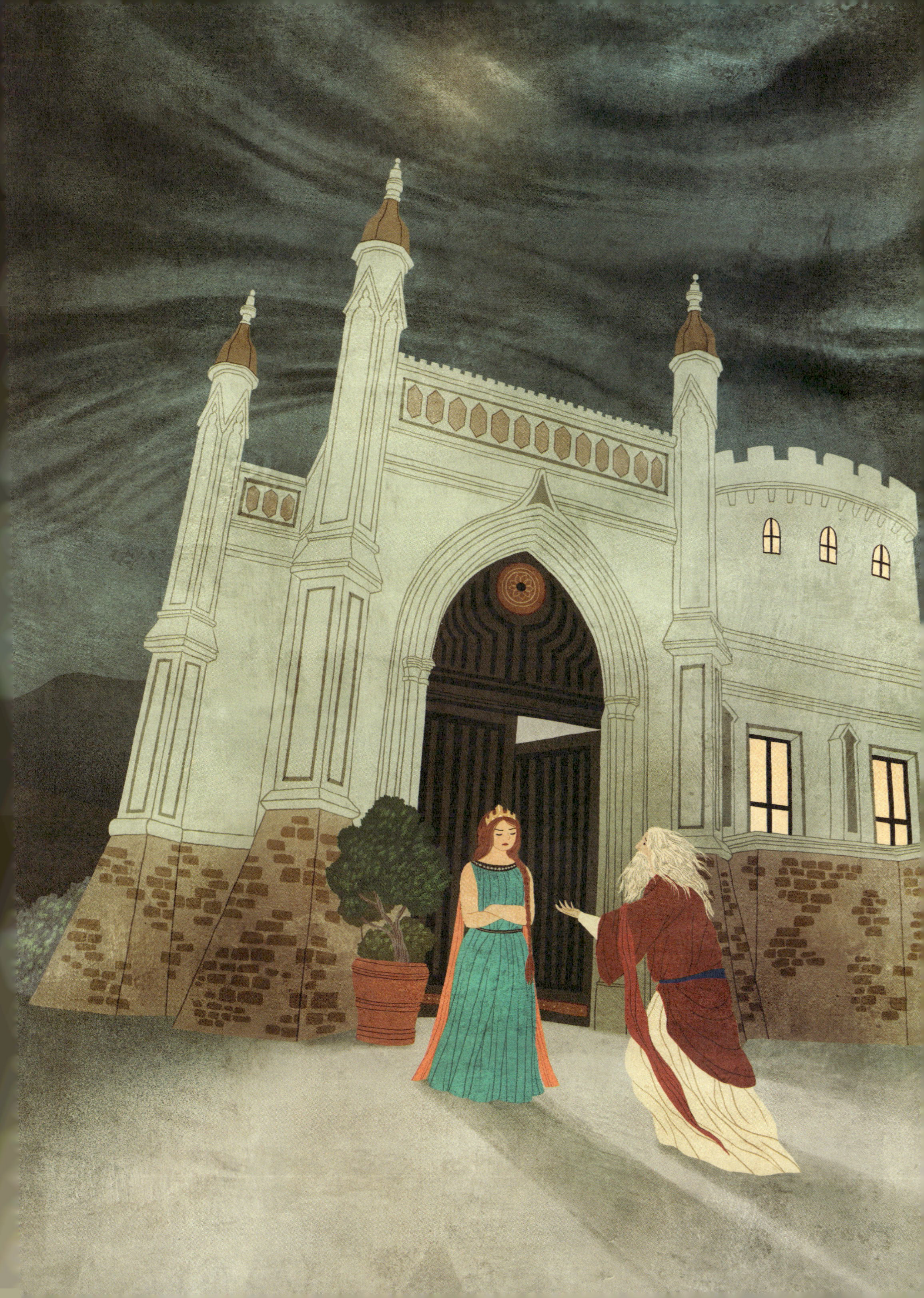

Uma carta tinha chegado a Cordélia na França com a notícia do que havia acontecido com seu pai.

- Como minhas irmãs são cruéis! - exclamou ela - devo ajudá-lo.

- Elas só fizeram a seu pai o que ele fez a você - salientou o Rei da França.

- Oh, então deveria ser o mesmo que minhas irmãs e virar as costas à família necessitada? - Cordélia chorou - não! E mais, o trono também não deveria ser deixado para elas. Elas não têm cuidado de seu próprio pai, então, como poderiam cuidar de seu povo?

Cordélia enviou um servo de confiança para encontrar seu pai e trazê-lo até ela. Enquanto isso, ela e o Rei da França navegaram para a Inglaterra com um exército.

Quando o servo encontrou Lear, ele havia perdido o controle da realidade.

- Oh, você deve ser aquele famoso filósofo grego de quem tanto ouvi falar! - Lear exclamou - li todos os seus livros.

O servo o guiou gentilmente através dos pântanos e até o campo de batalha onde Cordélia estava, esperando por suas irmãs.

O horizonte escureceu com cavalos, com a chegada do exército de Regan e Goneril, com as irmãs à frente.

- Vocês invasores franceses jamais tomarão nossas terras! - Regan gritou.

- Isto não é uma invasão - Cordélia gritou de volta - isto é justiça! Nenhuma de vocês está apta a usar a coroa!

- Venham aqui e digam isso - rosnou Goneril, brandindo uma espada.

- Aconteça o que acontecer lá fora, certifiquem-se de manter meu pai longe do perigo - Cordélia instruiu seus servos.

Os chifres sopraram e os dois exércitos trovejaram um em direção ao outro. A batalha foi feroz, e ninguém lutou mais do que as três irmãs. Nenhum amor tinha sido perdido entre Cordélia e as duas mais velhas. Cada velha dor que havia passado entre elas borbulhava para a superfície.

A batalha continuou por horas e logo o Sol começou a afundar no céu. O exército inglês era maior e ganhou a vantagem. Os soldados franceses foram forçados a se render ou fugir. Quando a poeira assentou no campo, as três irmãs ficaram deitadas.

O rei Lear, de repente, entendeu o que estava acontecendo. Sua mente se esvaiu completamente enquanto ele corria para frente, para suas filhas. Regan e Goneril já estavam mortas, mas Cordélia ainda respirava, apenas.

Lear a embalou em seus braços, e ela olhou para o rosto dele.

- Pai, eu sempre o amei - ela se torceu.

- Eu sei - Lear abraçou-a de perto, lágrimas correndo pelo seu rosto - se tivesse sido digno de seu amor, isto não teria acontecido. Você seria rainha e suas irmãs estariam vivas. Sinto muito, minha querida filha. Você pode me perdoar?

- Claro, pai - Cordélia conseguiu um último sorriso antes de morrer.

Quando os soldados começaram a limpar o campo de batalha, encontraram o Rei Lear, morto, agachado sobre Cordélia. Ele havia morrido com o coração partido.

Macbeth

Há muito, muito tempo, a Escócia foi governada por um rei forte chamado Duncan, que havia vencido muitas batalhas por seu povo. Dois de seus generais mais antigos se chamavam Macbeth e Banquo, e serviram seu rei com orgulho.

Um dia, Macbeth e Banquo estavam atravessando um pântano sombrio, a caminho de casa, após uma longa batalha que tinham travado, e vencido, pelo Rei. O céu estava escuro e lançava estranhas sombras sobre a terra arborizada abaixo. Algumas das sombras pareciam estar se movendo.

Macbeth se esgueirou. As sombras estavam se movendo. Ele viu que não eram realmente sombras, mas três bruxas selvagens! Seus cabelos emaranhados sopraram selvagemente no vento frio e sua pele mosqueada era tão sombria quanto o céu.

- Saudações, General Macbeth e General Banquo – falou uma das bruxas.

- Todos saúdam Macbeth e Banquo - falou a segunda.

- Para Macbeth, serás Lorde de Cawdor e, depois, serás rei - coroou a terceira - e Banquo, seus filhos serão reis!

Macbeth franziu a sobrancelha.

- De que diabos você está falando? - exigiu ele - já existe um Lorde de Cawdor. Quem é você e por que está aqui?

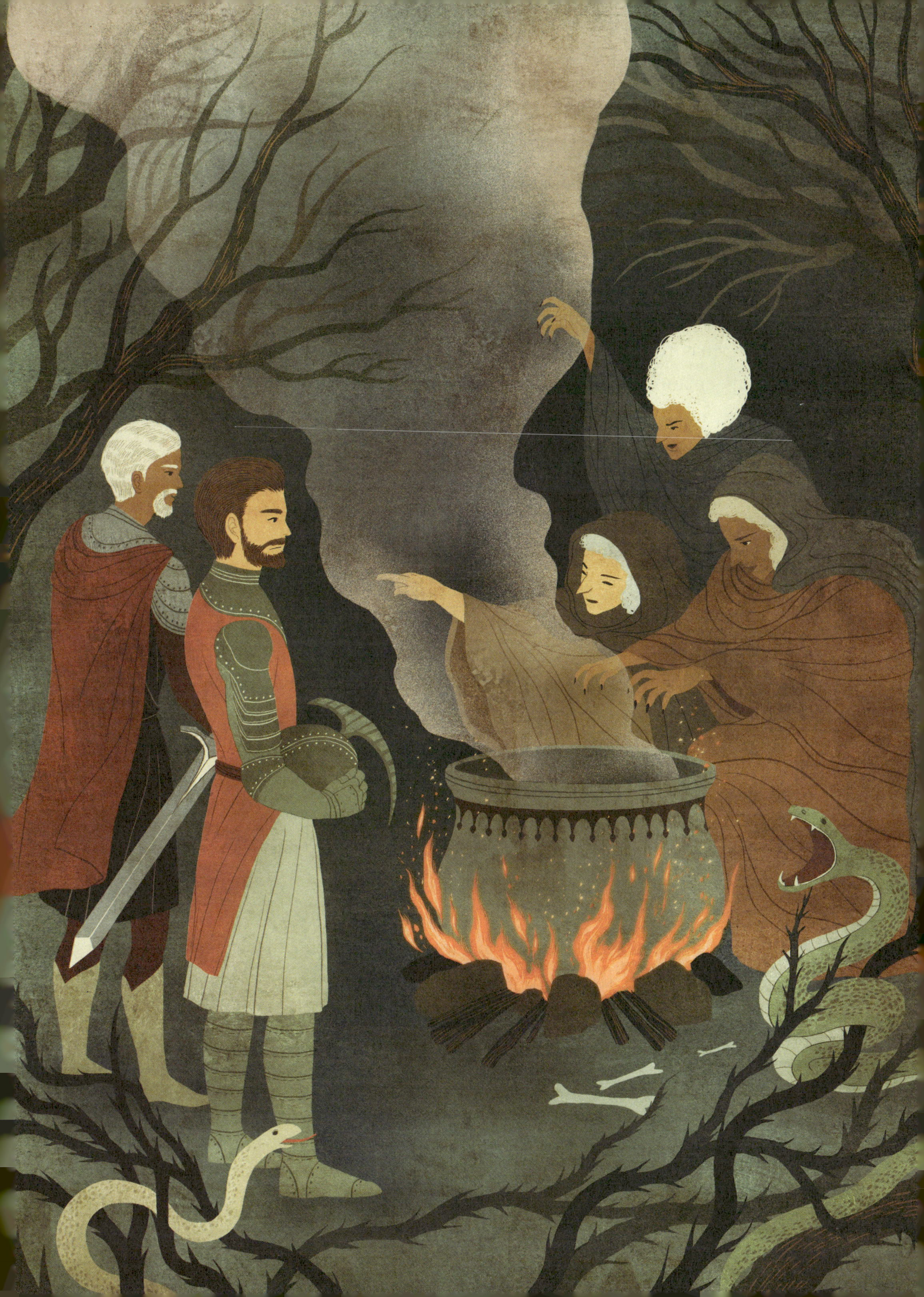

Mas, enquanto perguntava isso, as bruxas desvaneceram-se no ar.

Macbeth e Banquo olharam um para o outro.

- Seus filhos serão reis - disse Macbeth, inexpressivamente.

- Você será rei - disse Banquo, soando atordoado.

- E Lorde de Cawdor também, segundo elas - disse Macbeth - deve ser um absurdo. Elas são apenas três mendigas iludidas e vagabundas.

- Mas, então, como elas desapareceram? - Banquo se perguntava.

Nesse momento, dois amigos do rei, Angus e Ross, vieram vagabundear sobre a charneca em direção a eles.

- Ei, Macbeth! - Ross chamou - o Rei ouviu a notícia de sua última vitória e ficou realmente satisfeito. Ele quer recompensá-lo fazendo de você o Lorde de Cawdor.

Banquo arfou e o queixo de Macbeth caiu.

- Mas, mas nós já temos um Lorde de Cawdor! - protestou ele.

- Não mais - disse Angus - o velho Lorde de Cawdor traiu o Rei Duncan e ficou do lado de nossos inimigos. Ele está na prisão e foi despojado de seu título. Agora você é o Lorde do Cawdor. E o Rei vem para ficar em sua casa esta noite.

Macbeth mal podia acreditar no que estava ouvindo. Ele e Banquo guardaram a profecia para si enquanto caminhavam para casa, perguntando-se se o resto se tornaria realidade também, e o que isso poderia significar para o reino deles.

Em casa, Macbeth contou a sua esposa as coisas estranhas que aconteceram e a notícia de que o rei estava vindo para ficar. Lady Macbeth era uma pessoa muito ambiciosa. Ela estava ansiosa para que seu marido se tornasse rei, como dizia a profecia.

- Pergunto-me se o destino precisará de uma mão amiga - ponderou ela – talvez, devêssemos organizar as coisas de modo que o Rei não saia amanhã de manhã, afinal de contas... Se ele morrer, seus filhos são muito jovens para assumir o comando. O trono passará para você, seu senhor de maior confiança.

Macbeth sentiu uma punhalada de pânico.

- Você quer dizer matar o Rei? Não podemos! - disse ele.

Lady Macbeth sorriu com um sorriso frio.

- Você apenas se sente ali e pareça inocente. Deixe todo o resto comigo.

O rei e sua corte chegaram e foram acolhidos calorosamente pelos Macbeth. Quando uma festa alegre começou, Lady Macbeth tirou Macbeth do refeitório.

- Podemos nos livrar do Rei esta noite, tão fácil quanto possível - disse Lady Macbeth - dois soldados guardam seu quarto o tempo todo. Farei com que eles comam e bebam tanto que não possam ficar acordados. Então, roubamos seus punhais, matamos o Rei e fazemos parecer que foram eles que o fizeram. Ninguém jamais saberá!

Macbeth parecia inseguro.

- Não podemos! Isso é assassinato.

- Quantas pessoas você já matou antes em batalha? - exigiu Lady Macbeth - essa é a coisa certa a fazer. E isto também, porque é o seu destino.

Macbeth hesitou por um momento mais. Ele sempre foi um homem leal, mas achava difícil resistir ao chamado do poder.

- Imagine governar todo um reino próprio - disse Lady Macbeth.

Macbeth acenou com a cabeça.

- Muito bem. Farei isso hoje à noite.

Mais tarde naquela noite, quando todos no castelo estavam dormindo, Macbeth foi para o quarto do rei. Ele encontrou os guardas dormindo, como sua esposa havia prometido e, com pavor no coração, ele fez a terrível ação. Logo depois, ele se sentiu cheio de pesar e vergonha.

- Não seja tão fraco - Lady Macbeth o repreendeu - agora, ponha esses punhais sangrentos perto dos guardas adormecidos para que pareça que foram eles.

- Eu não posso - gaguejou Macbeth.

- Oh, me dá isso - ela resmungou.

Lady Macbeth plantou as adagas. Ao amanhecer, um dos soldados mais leais do rei, Macduff, descobriu o assassinato. A notícia de que os guardas haviam matado o rei voou pelo castelo. Os mensageiros foram enviados a todo o reino. Os Macbeths fingiam estar tão chocados e chateados quanto todos os outros.

Os filhos do Rei Duncan morto, Malcolm e Donalbain, começaram a temer por suas vidas e fugiram para a Irlanda com Macduff. Todos os outros no reino assumiram erroneamente que tinham fugido porque eram culpados e, por isso, os culparam pelo assassinato. Pouco tempo depois, Macbeth foi feito rei. Banquo lembrou-se da profecia das três bruxas.

- Não vou acusar Macbeth, mas me pergunto se ele teve alguma coisa a ver com o assassinato de Duncan - murmurou Banquo para si mesmo.

Enquanto isso, Macbeth se lembrava da parte da profecia que o incomodava.

- Sim, eu fui feito rei. Mas, eu não tenho filhos, portanto, a coroa não pode ficar na minha família. As bruxas disseram a Banquo que ela iria para seus filhos. Então, me tornei um assassino só para entregar a coroa aos filhos de Banquo? Não, não vou deixar isso acontecer!

Em segredo, Macbeth providenciou para que Banquo e seu filho, Fleance, fossem mortos. Seus soldados encontraram Banquo e Fleance em uma noite escura. Eles mataram Banquo, mas Fleance conseguiu fugir. Eles se reportaram a Macbeth no início de uma festa real. Macbeth ficou inseguro ao saber que Fleance escapou, mas ficou contente ao saber da morte de Banquo. Quando Macbeth estava prestes a sentar-se, ele viu o fantasma de Banquo já sentado em sua cadeira!

- Banquo - ele ofegou - não fui eu. Não fiz isso!

Ninguém mais podia ver o fantasma de Banquo, e assim ele parecia ter perdido a cabeça. Lady Macbeth agarrou seu braço.

- Meu querido, você está fazendo uma cena na frente de nossos convidados.

- Claro - acenou Macbeth - comam, bebam e se alegrem - ele encorajou seus visitantes - estou simplesmente cansado.

Mas, não importava o que ele dissesse a todos os outros, o fantasma de

Banquo continuou a assombrá-lo durante toda a noite. Macbeth decidiu voltar para encontrar as três bruxas no pântano.

- Como você sabia o que me dizer - exigiu ele.

- Como, os espíritos nos disseram, é claro - responderam as bruxas.

- Desejo falar com esses espíritos - disse Macbeth.

- Muito bem - disseram as bruxas.

Elas derramaram vários ingredientes vis em seu caldeirão borbulhante e, então, um fantasma apareceu no vapor.

- Macbeth – disse - você não será derrotado até que a grande floresta Birnam marche em batalha contra você, em seu castelo. Você não pode ser morto por um homem nascido de uma mulher - então, o espírito desapareceu.

- Mas, isso não faz sentido – se espantou Macbeth – uma floresta não pode marchar para a batalha contra mim. Tudo o que quero saber é se os herdeiros de Banquo irão governar este reino. Todos os homens nascem de mulheres, então, talvez não possa ser morto.

Uma visão cintilou no ar à sua frente. Oito reis, que se pareciam todos com a família de Banquo.

- Muito bem, para que parte de sua profecia permaneça verdadeira, não é? - Macbeth resmungou.

Macbeth tinha ficado enfeitiçado pelo poder. Ele não era mais um general corajoso e leal, mas um homem mau, disposto a assassinar pessoas que se colocavam em seu caminho. Enquanto isso, Lady Macbeth tinha começado a se sentir muito mal pelo que ela e Macbeth tinham feito. Ela havia começado a sonambular, revivendo aquela noite horrível repetidas vezes. Ela logo adoeceu de remorso, tornou-se incapaz de comer ou de sair de sua cama e, então, morreu. Macbeth sentiu-se ainda mais culpado, porque sabia que ela deveria ter vivido uma vida longa e feliz.

Os filhos de Duncan, Malcolm e Donalbain, e seu amigo íntimo Macduff, haviam ficado desconfiados de Macbeth. Todos eles acharam preocupante que o velho rei tivesse sido morto no próprio castelo de Macbeth e, então, Macbeth havia tomado o trono. O povo da Escócia começou a sussurrar que Macbeth estava por trás da morte de Duncan, afinal de contas. Malcolm decidiu tomar o trono de volta de Macbeth e começou a reunir um exército.

— Eu não tenho medo - Macbeth zombou, quando ouviu - só terei medo quando a floresta de Birnam começar a se mover. E as bruxas me disseram que nenhum homem nascido de uma mulher pode me matar, então, não perderei a batalha que se aproxima.

Enquanto Malcolm e suas forças se aproximavam do castelo de Macbeth, Malcolm reuniu os soldados.

— Ouça, Macbeth tem o exército real ao seu comando. Se quisermos ter uma chance, devemos permanecer escondidos até o último minuto. Cada um de vocês corte um grande galho das árvores da floresta ali. Segurem-no diante de vocês enquanto caminham e, então, ele não nos verá até que seja tarde demais.

Macbeth estava sentado em seu castelo quando ouviu gritos de alarme de seus guardas.

— A floresta! A floresta está se movendo!

O medo apunhalou o coração de Macbeth.

— Não pode ser - ele sussurrou para si mesmo enquanto corria para a janela.

Lá, ele viu que a floresta Birnam estava de fato se movendo em direção ao seu castelo.

Ele puxou sua espada e conduziu seus soldados para a batalha. A luta foi longa, violenta e, de repente, Macbeth estava lutando com Macduff um contra um.

— Eu não tenho medo de você! - Macbeth gritou - nunca me ajoelharei diante de Malcolm. Eu fui escolhido para governar! Eu! E eu não posso ser morto por um homem nascido de uma mulher!

— Mas, eu não nasci de uma mulher! Minha mãe morreu antes de eu nascer, e os médicos me cortaram de seu corpo para me salvar - exclamou Macduff, triunfante.

Macbeth olhou horrorizado, amaldiçoando os truques das bruxas, enquanto via a espada de Macduff balançando em direção ao seu pescoço. Com um golpe, Macduff removeu a cabeça de Macbeth. Assim, o reinado do rei assassino foi cortado e seu exército se dispersou rapidamente ao perceber que seu líder havia caído.

O povo da Escócia se alegrou quando Malcolm foi declarado rei, e sua família passou a governar o país por muitas gerações, exatamente como as bruxas haviam previsto.

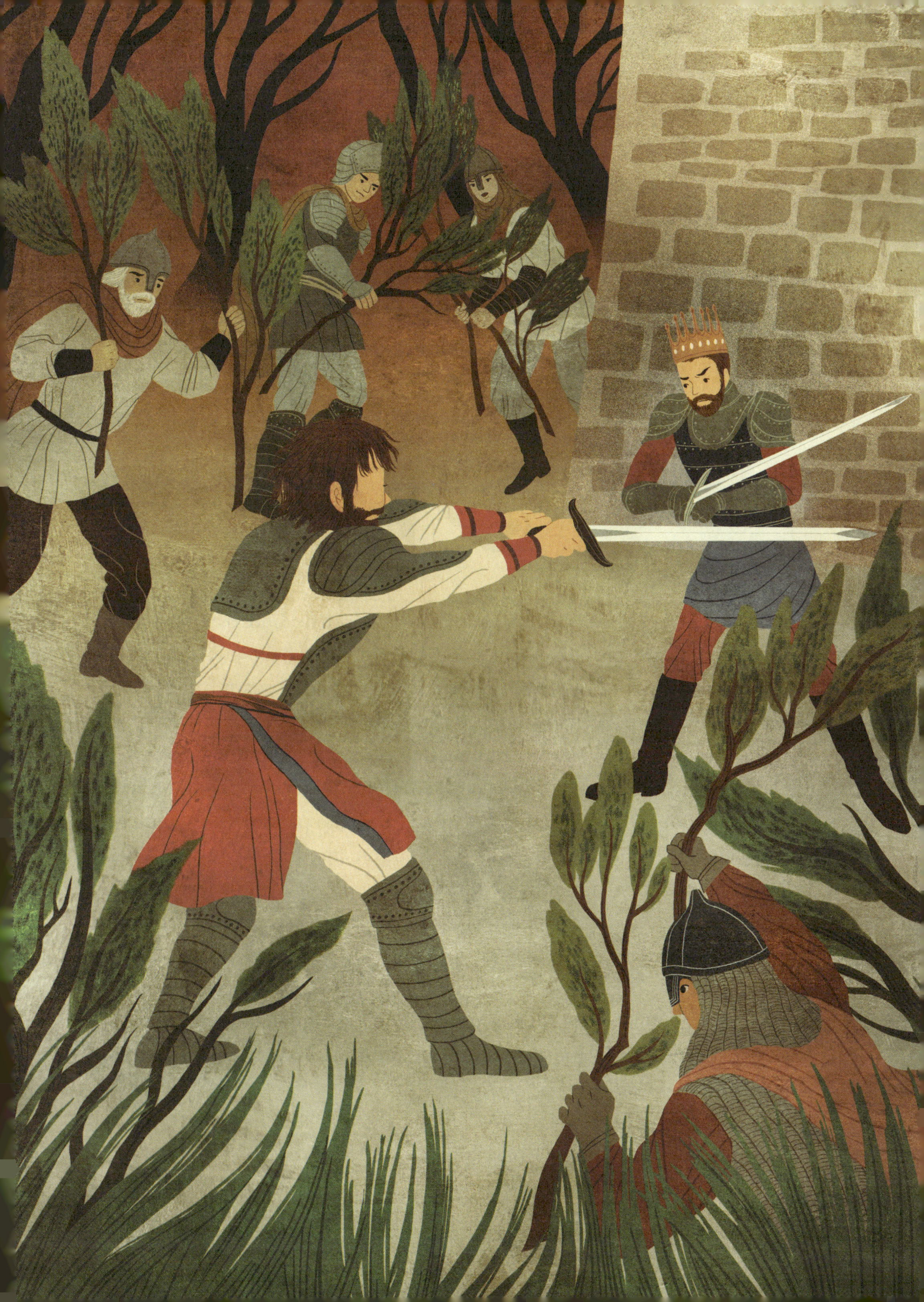

Antônio e Cleópatra

O Império Romano foi um dos maiores impérios de todos os tempos. Houve um tempo em que ele se estendia desde o norte chuvoso da Inglaterra até o Oriente Médio. O império teve muitos governantes ao longo dos séculos. A certa altura, era tão grande que era governado por três homens juntos. Octávio César, Lépido e Marco Antônio, que já haviam sido inimigos, mas concordaram em se unir e tomar o controle do império. Os três homens governavam em harmonia, até Marco Antônio ser enviado ao Egito para conquistá-lo.

Ao invés de tomar o Egito, Marco Antônio se apaixonou por sua rainha, a bela Cleópatra. Ele se mudou para o palácio dela e declarou sua lealdade a ela. Era a conversa de todo o império, e Octávio César e Lépido não ficaram impressionados! Marco Antônio parecia ter esquecido que já era casado. Ele havia deixado sua esposa, Fulvia, para trás, em Roma. Os outros dois governantes não ficaram impressionados por Marco Antônio não estar ajudando-os a controlar o império. Ouviram dizer que tudo o que ele fez foi realizar banquetes luxuosos com a rainha egípcia.

Um dia, quando ele estava no Egito há algumas semanas, Marco Antônio estava comendo ao Sol com Cleópatra.

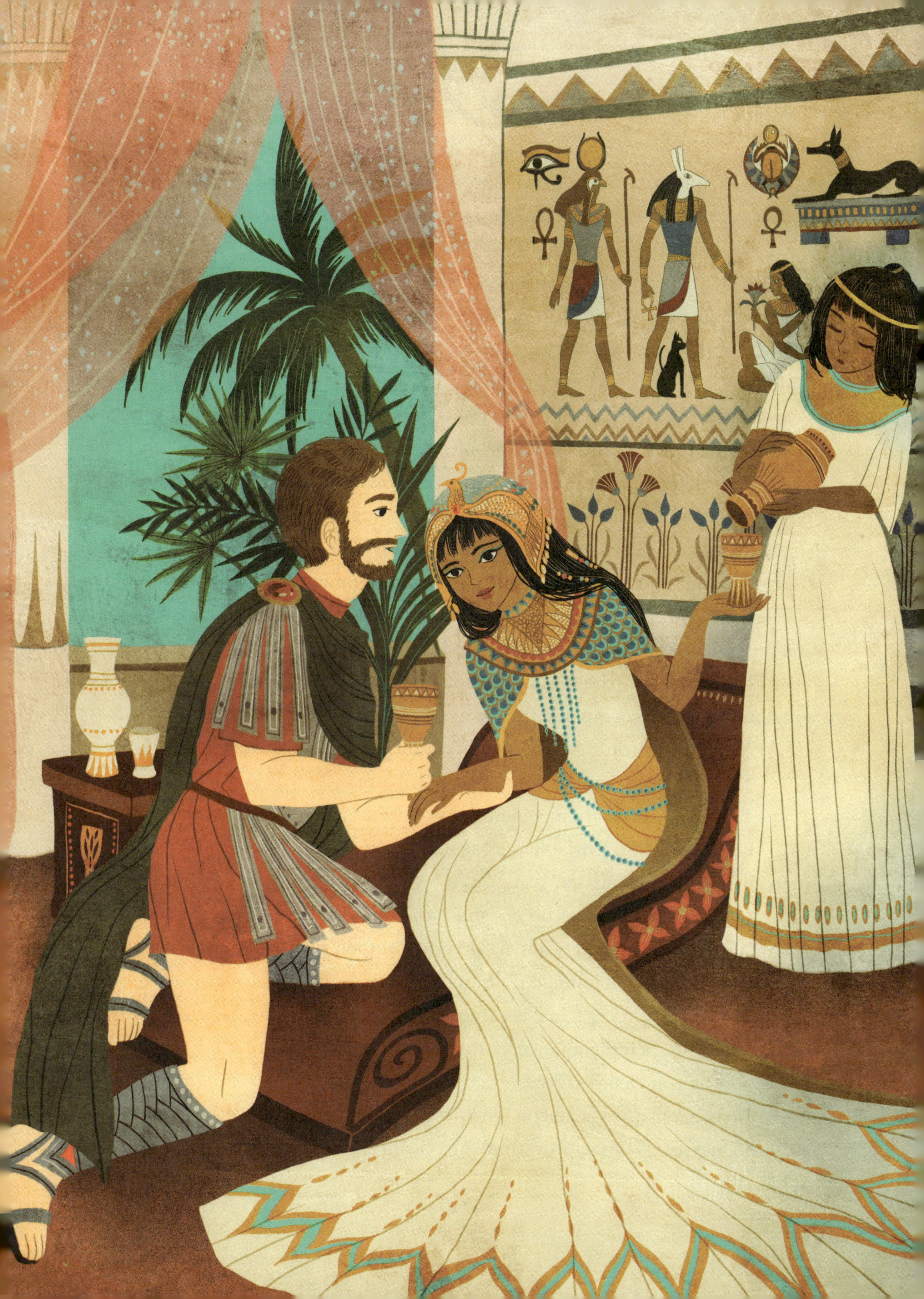

- Tudo que quero fazer é ficar aqui no Egito, com você - disse ele a Cleópatra - podemos passar nossos dias ao Sol e nossas noites fazendo festas com nossos amigos.

- Eu gostaria disso - sorriu Cleópatra.

Então, quando Marco Antônio recebeu uma mensagem de que Fulvia havia levantado um exército e atacado Octávio César, ele a ignorou.

- Senhor, pensamos que ela está fazendo isso para chamar sua atenção - disse o mensageiro.

Mas, Marco Antônio não queria ouvir isso, nem nenhuma das outras mensagens que lhe foram trazidas sobre problemas no império.

- Deixem-me em paz - ele rosnou para todos os mensageiros - só quero a felicidade com Cleópatra. Deixem-me esquecer minha antiga vida e minha irritante esposa.

Mas, certo dia, chegou uma mensagem que nem mesmo Marco Antônio poderia ignorar. Fulvia estava morta. Ele se sentiu dominado pela culpa.

- Ela estava apenas atacando Octávio para tentar chamar minha atenção. Eu sou um mau marido. Eu causei a morte dela - ele se preocupou.

Ele se preparou para deixar o Egito imediatamente, sabendo que precisava se encontrar com seus companheiros de governo e tentar acertar as coisas.

Cleópatra o encontrou se preparando para partir. Ela ficou na entrada da porta.

- Não quero que você vá - implorou Cleópatra.

- Também não quero, meu amor, mas devo ir - Marco Antônio estava firme.

- Bem, nesse caso, enviarei mensageiros a você todos os dias para lembrá-lo de meu amor - jurou Cleópatra.

Marco Antônio embarcou em um navio e partiu para Roma. Enquanto ele estava a caminho, chegou a notícia de que Pompeu planejava atacar o império. Pompeu tinha sido seu inimigo por muito tempo.

- Ele acha que vocês três estão fracos agora - disse-lhe um dos conselheiros de Marco Antônio - acredita que vocês devem estar lutando entre si e é por isso que sua esposa atacou Octávio César.

- Bem, agora que ela atacou Octávio César, ele pode estar certo - disse Marco Antônio, nervoso – César, provavelmente, ficará muito zangado comigo.

Mas, quando ele se reuniu com Octávio César e Lépido, os outros dois o receberam bem.

- Não devemos deixar que nada se interponha entre nós - disse Lépido aos outros dois.

- Eu concordo - disse César - e tenho um plano para garantir que nunca mais nos separemos. Marco Antônio, agora que Fulvia está morta, você deve se casar com minha irmã, Octávia, e jurar nunca mais voltar para Cleópatra.

Marco Antônio não queria jurar isso, mas sabia que devia fazer o que fosse preciso para salvar o império.

- Eu juro.

E assim, Marco Antônio e Octávia estavam casados. Os três amigos esperavam que isso fosse suficiente para uni-los para sempre, mas as pessoas que haviam estado no Egito com Marco Antônio estavam em dúvida. "Ele nunca olhou para ela da maneira como olhava para Cleópatra", sussurraram uns aos outros.

Quando Pompeu chegou às suas costas marinhas, ele encontrou os três amigos fortes à frente de seu exército. Eles pareciam estar mais próximos do que nunca.

- Marco Antônio e César são como irmãos agora - disse Pompeu a si mesmo - estava errado ao pensar que eles eram fracos.

Ele decidiu não atacar e, em vez disso, os convidou a bordo de seu navio para conversações de paz. Eles concordaram em nunca mais atacar um ao outro e todos jantaram juntos.

- Tudo correu melhor do que eu pensava - observou Antônio a Octávia.

Enquanto isso, de volta ao Egito, Cleópatra havia se enfurecido com a notícia do último casamento de Marco Antônio.

- Ele está casado novamente?! - gritou ela - pensei que ele me amava!

- Ele a ama - asseguraram-lhe suas empregadas - dizem que ele não olha para Octávia da maneira como ele olhava para você. Ele só fez isso para o bem de seu império.

Cleópatra se acalmou.

- Você está certa. Não há como ele amar alguém tanto quanto a mim.

Marco Antônio não estava entusiasmado em ter uma nova esposa.

- Mas, isso traz paz ao nosso império - disse a si mesmo.

Ele tentou ser gentil com Octávia, mesmo sonhando em estar de volta ao ensolarado Egito com Cleópatra. Um mensageiro chegou apressado.

- Meu senhor, Octávio César atacou Pompeu! Lépido tentou detê-lo e o jogou na prisão!

- O quê?! - Marco Antônio gritou - por que ele faria isso? Precisarei encontrar um exército se ele quiser lutar contra Pompeu. Eu conheço o melhor lugar para conseguir um. Preciso ir para o Egito.

- Certamente, há outro lugar onde você possa conseguir um exército? - perguntou Octávia. Pois ela sabia melhor do que ninguém o que mais o esperava no Egito...

- Receio que não - disse Marco Antônio - você vai para Roma e fica a salvo. Até breve...

Marco Antônio não estava enganando ninguém. Ele poderia ter encontrado um exército muito mais perto de casa, mas não perdeu tempo em navegar para o Egito. Quando chegou, marchou direto para o palácio.

- Estou aqui porque preciso de um exército - disse ele a Cleópatra.

- Claro que você está - ela sorriu, atirando seus braços em volta dele.

Quando Octávio César soube que Marco Antônio havia voltado para o Egito, ficou furioso.

- Ele correu direto para Cleópatra! Ele acha que pode largar minha irmã por ela! Isto significa guerra.

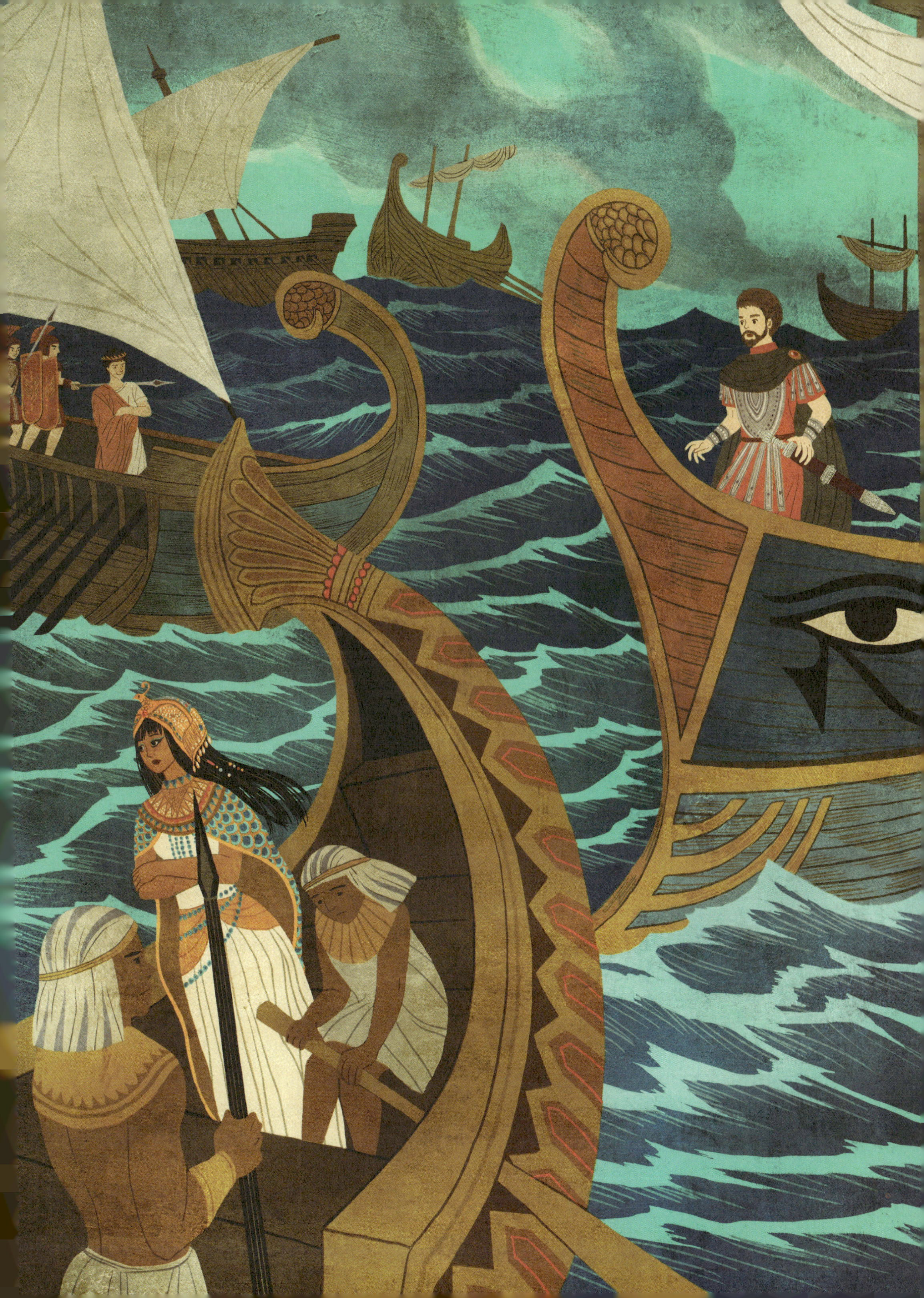

Assim, em vez de usar o exército egípcio para ajudar Octávio César a vencer Pompeu, Marco Antônio teve que usá-lo para enfrentar César. Marco Antônio e Cleópatra decidiram encontrar-se com Octávio César no mar. Os conselheiros de Marco Antônio não tinham certeza de que era uma boa ideia.

- Ele tem mais navios do que nós - protestaram eles.

- Cleópatra acha que é melhor assim - disse-lhes Marco Antônio.

Então, eles partiram para o mar luminoso e ensolarado. Marco Antônio assumiu a liderança em seu próprio navio, com sua tripulação de Roma. O navio de Cleópatra navegou atrás, junto com todos os outros navios.

Quando a frota de Octávio César se aproximou, havia navios até onde a vista alcançava.

- Não tenham medo! - Marco Antônio chamou o exército egípcio - ele pode ter mais soldados, mas os nossos são melhores!

Com um rugido de raiva e um estrondo de tambores, a batalha começou. Mas, em poucos momentos, a frota egípcia se virou e começou a fugir, deixando Marco Antônio por conta própria.

- O que vocês estão fazendo? - gritou ele - Voltem! Cleópatra!

Não houve resposta da rainha assustada, pois ela partiu o mais rápido possível. Octávio César riu de Marco Antônio enquanto seus navios se aproximavam.

- Essa foi a vitória mais fácil que já ganhei. Ainda quer ficar ao lado de sua covarde rainha egípcia?

Marco Antônio se sentiu humilhado. Ele seguiu Cleópatra de volta ao seu palácio.

- Por que você fez isso? - exigiu ele.

- Sinto muito - Cleópatra se atirou a seus pés, soluçando - fiquei assustada. Nunca mais farei nada assim, eu juro.

- Eu a perdoo, meu amor - disse Marco Antônio, ajudando-a a se levantar - mas ainda temos que derrotar Octávio César. Dessa vez, vamos combatê-lo em terra. Prepare suas tropas para marchar.

Assim, o exército egípcio marchou, com Marco Antônio na frente e Cleópatra na retaguarda, pois Marco Antônio não ouviu falar que ela estava em perigo.

Eles encontraram o exército de Octávio César em uma grande planície de areia. Mais uma vez, os egípcios estavam em desvantagem numérica. Então, mais uma vez, Marco Antônio se voltou para o exército egípcio para encorajá-los.

- Soldados, este é o momento em que venceremos! Este é o momento em que Octávio César se arrependerá de ter declarado guerra contra nós!

Com um rugido, ele conduziu a tropa para a batalha. Mas, os soldados romanos eram temíveis e mais bem treinados.

Cleópatra assistiu à batalha e foi dominada pelo medo. Mesmo tentando ser uma rainha forte, ela realmente tinha muito medo da batalha. Ela tentou ser tão corajosa quanto Marco Antônio, que estava lutando na linha de frente, mas estava muito assustada. Então, ela se virou e fugiu.

Quando os soldados egípcios viram sua rainha correndo com medo, eles se viraram e fugiram também. Marco Antônio foi deixado sozinho para lutar contra as forças romanas. Ele foi abatido e morto no campo de batalha.

Quando Cleópatra olhou para trás e viu o que sua covardia havia feito, ficou perturbada.

- Eu matei o único homem que amei - ela soluçou.

Mas, ela não teve muito tempo para lamentar. Octávio César havia vencido a batalha e estava marchando sobre seu palácio. Cleópatra sabia que ele pretendia levá-la prisioneira.

- Nunca me curvei ao Império Romano e não vou começar agora - disse ela às criadas - com Marco Antônio morto, não sobrou nada para mim neste mundo. Está na hora de começar minha vida após a morte.

Ela ordenou a suas criadas que lhe trouxessem uma naja, uma cobra muito venenosa. Quando lhe deram, ela a segurou em seu peito e a deixou morder. O veneno funcionou rapidamente e quando Octávio César arrombou as portas e entrou no palácio de Cleópatra, a rainha do Egito já estava morta no chão.

O Conto do Inverno

A ensolarada ilha da Sicília está situada no Mar Mediterrâneo. Já foi governada por um rei chamado Leontes, e sua rainha, Hermione. Leontes era ousado, enquanto Hermione era tranquila. Eram opostos, mas o casal vivia muito feliz até que Leontes convidou seu melhor amigo, o rei Polixenes da Boêmia, para uma visita.

Os dois amigos se divertiram tanto que Polixenes acabou ficando por quase um ano inteiro! Durante esse tempo, Hermione ficou grávida. Ela estava muito perto de dar à luz, mas ainda assim deu o seu melhor para participar das festas e comemorações que Leontes fazia para Polixenes.

Entretanto, Leontes tinha uma natureza desconfiada. Ele se preocupava que Polixenes tivesse ficado tanto tempo porque estava apaixonado por Hermione. Leontes começou a interpretar cada sorriso entre eles como um olhar de amor e cada brincadeira amigável como uma espécie de código secreto dos amantes. Ele se convenceu de que o bebê que Hermione carregava não era dele, mas de Polixenes.

Sentindo-se humilhado, Leontes ordenou a seu criado, Camilo, que envenenasse Polixenes. Camilo podia ver que Leontes estava imaginando coisas e, em vez disso, advertiu Polixenes. Camilo e Polixenes fugiram. Quando Leontes descobriu que tinham desaparecido, ele tinha certeza de que estava certo. Ele jogou Hermione na prisão para

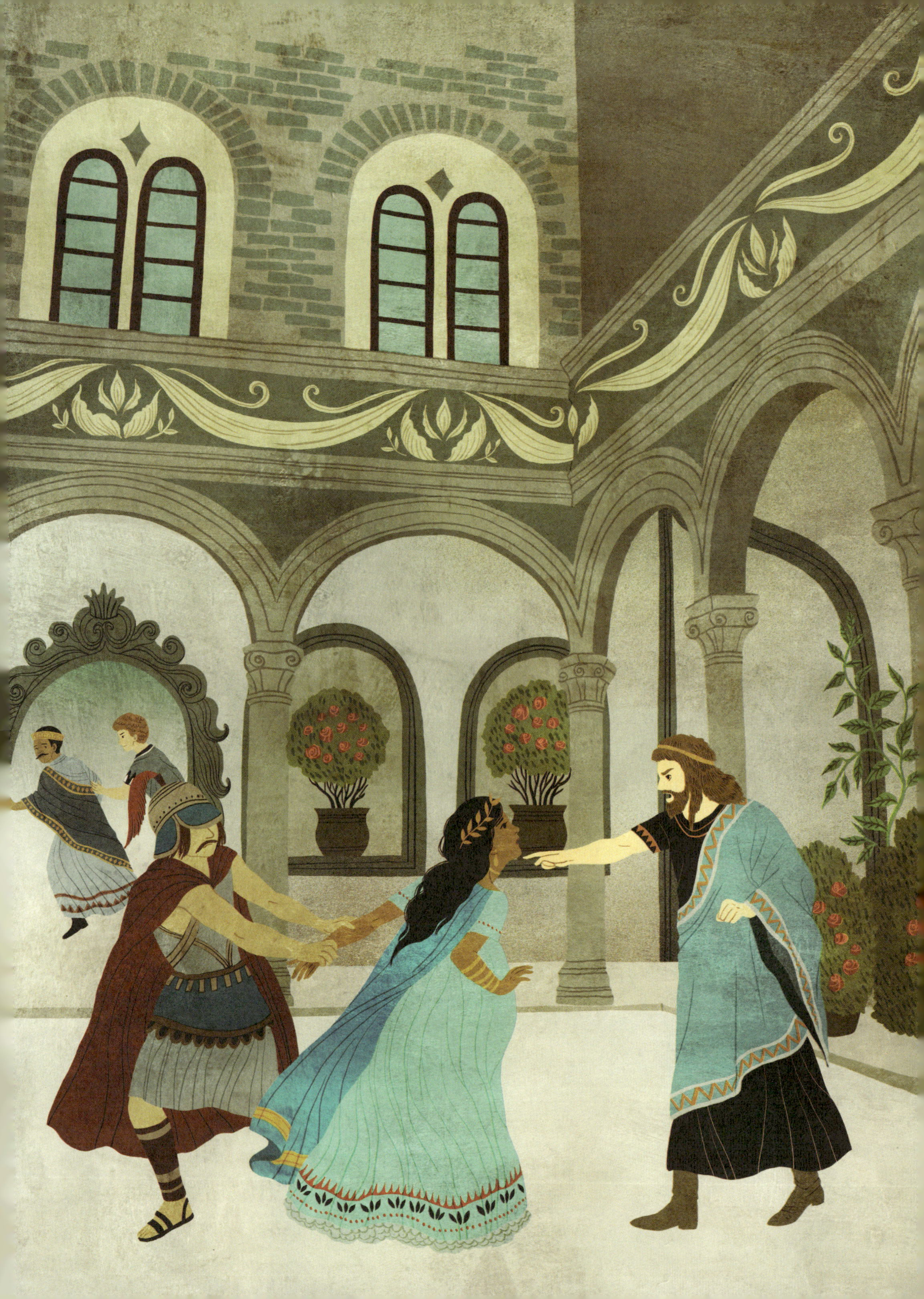

dar à luz a seu bebê, uma menina, em uma cela horrível e escura. Logo após o nascimento, Hermione adoeceu e morreu. Sua melhor amiga, Paulina, ficou furiosa com a maneira como ela havia sido tratada. Ela pegou a bebê e viu que se parecia com Leontes.

Paulina marchou para a sala do trono com seu marido Antigonus.

- Leontes, olhe para sua filha. Ela é sua imagem cuspida, mas seu ciúme matou Hermione.

No fundo, Leontes sabia que ele havia se enganado. Ele já estava de luto por Hermione e não suportava olhar para o bebê.

- Antigonus, leve-a embora - ele suplicou - leve-a para longe daqui. Nunca mais quero vê-la!

Antigonus pegou a bebê e foi até o porto mais próximo. Ele parou numa pousada para passar à noite, com a intenção de zarpar na manhã seguinte. Quando adormeceu, Hermione apareceu diante dele em um sonho.

- Bom Antigonus. Na terra da Boêmia, há uma praia com areia dourada e riachos de prata. Por favor, leve minha filhinha para lá e a deixe. Lá, ela estará a salvo - disse Hermione.

Quando Antigonus acordou, estava convencido de que tinha sido Hermione falando com ele, então, decidiu fazer o que ela havia pedido. Ele pegou o primeiro navio para a

Boêmia, encontrou a praia e deixou a bebê chorando na areia dourada. No caminho de volta ao navio, Antigonus foi atacado e morto por um urso.

Pouco tempo depois, a bebê foi descoberta por um pastor chamado Corim. Ele teve piedade dela e decidiu levá-la para casa.

Dezesseis longos anos se passaram. Leontes passou o tempo de luto miserável por sua esposa e filha perdida. Ele sabia que havia sido um tolo e nunca poderia se perdoar. Enquanto isso, o rei Polixenes governava a Boêmia e, raramente, pensava em Leontes. Ele tinha um filho próprio, um filho forte, que ele esperava que governasse depois dele e se concentrava em criá-lo bem.

Um dia, Camilo, que havia se tornado um companheiro leal de Polixenes desde que ele havia salvado sua vida, veio até ele.

- Senhor, vivo na Boêmia há 16 anos. É um grande país e estou feliz por tê-lo servido aqui. Mas, anseio por ver minha pátria novamente. Por favor, posso voltar para a Sicília?

Polixenes dispensou o pedido.

- Como você pode pedir isso agora, Camillo, quando preciso de você mais do que nunca? Você ainda não ouviu falar? Meu filho, Florizel, se apaixonou por uma pastora! Creio que ele a pedirá em casamento em uma festa hoje à noite. Eu não posso permitir isso. Ele precisa se casar com uma bela princesa. Devemos ir disfarçados para a festa e detê-lo!

Então, mais tarde naquele dia, o rei Polixenes e Camilo vestiram disfarces de camponeses e foram para onde os pastores da Boêmia estavam realizando um grande banquete ao ar livre. Foi uma reunião simples. A decoração era com grama verde, árvores ondulantes em cima e algumas guirlandas de flores que as crianças tinham feito. Mas, era uma grande festa, mesmo assim. A música era animada, e todos se divertiam dançando juntos.

Polixenes viu seu filho, o príncipe Florizel. Ele estava dançando com os plebeus, seus braços ao redor de uma garota muito bonita. Antes que Polixenes pudesse empurrar através da multidão giratória de dançarinos, Florizel parou de dançar e caiu de joelhos.

Todos os outros pararam, com arfadas de prazer. Florizel declarou seu amor pela garota, cujo nome era Perdita, e a pediu em casamento. Perdita corou.

- Mas, Florizel, você é um príncipe e eu sou uma camponesa. Como podemos nos casar?

Florizel abraçou-a para perto.

- O dia em que o velho Corim a encontrou naquela praia foi o dia mais sortudo da minha vida, pois a trouxe até mim. Por favor, diga sim?

- Sim! - gritou Perdita.

Polixenes jogou fora seu disfarce e ficou em pé, em desgosto.

O povo ficou chocado ao ver seu rei, e muitos caíram sobre si mesmos para se curvar diante dele.

- Florizel, estou enojado com você! - Polixenes gritou - um príncipe não pode se casar com uma camponesa.

Florizel olhou de relance para seu pai.

- Eu posso e vou!

- Bem, nesse caso, você está deserdado - vociferou Polixenes – case-se com a menina, mas você não será mais um príncipe.

Polixenes voltou rapidamente ao seu palácio. Camilo permaneceu. Uma ideia estava lhe ocorrendo na mente. Florizel e Perdita não podiam ficar juntos na Boêmia, e ele queria voltar para a Sicília...

Ele foi ao encontro dos dois amantes e sugeriu que fugissem para a Sicília.

- Sim! Viveremos na Sicília como marido e mulher - declarou Florizel.

Camillo foi conversar com Polixenes. Ele sabia que se Florizel fugisse para a Sicília, seu pai iria atrás dele, e Camillo teria seu desejo de voltar para sua terra natal.

Os amantes partiram naquela noite e chegaram à Sicília em segurança alguns dias depois. Mas, assim que seu navio atracou, eles foram encontrados por soldados.

- Vocês são boêmios - exclamaram os soldados surpresos - nosso rei odeia os boêmios desde que discutiu com o rei Polixenes. Vocês devem vir conosco.

- Deixem-me falar - sussurrou Florizel enquanto eram trazidos à frente do rei Leontes em sua sala do grande trono.

- Vossa Majestade - ele fez uma reverência - somos embaixadores, enviados pelo rei Polixenes para consertar a amizade entre vocês.

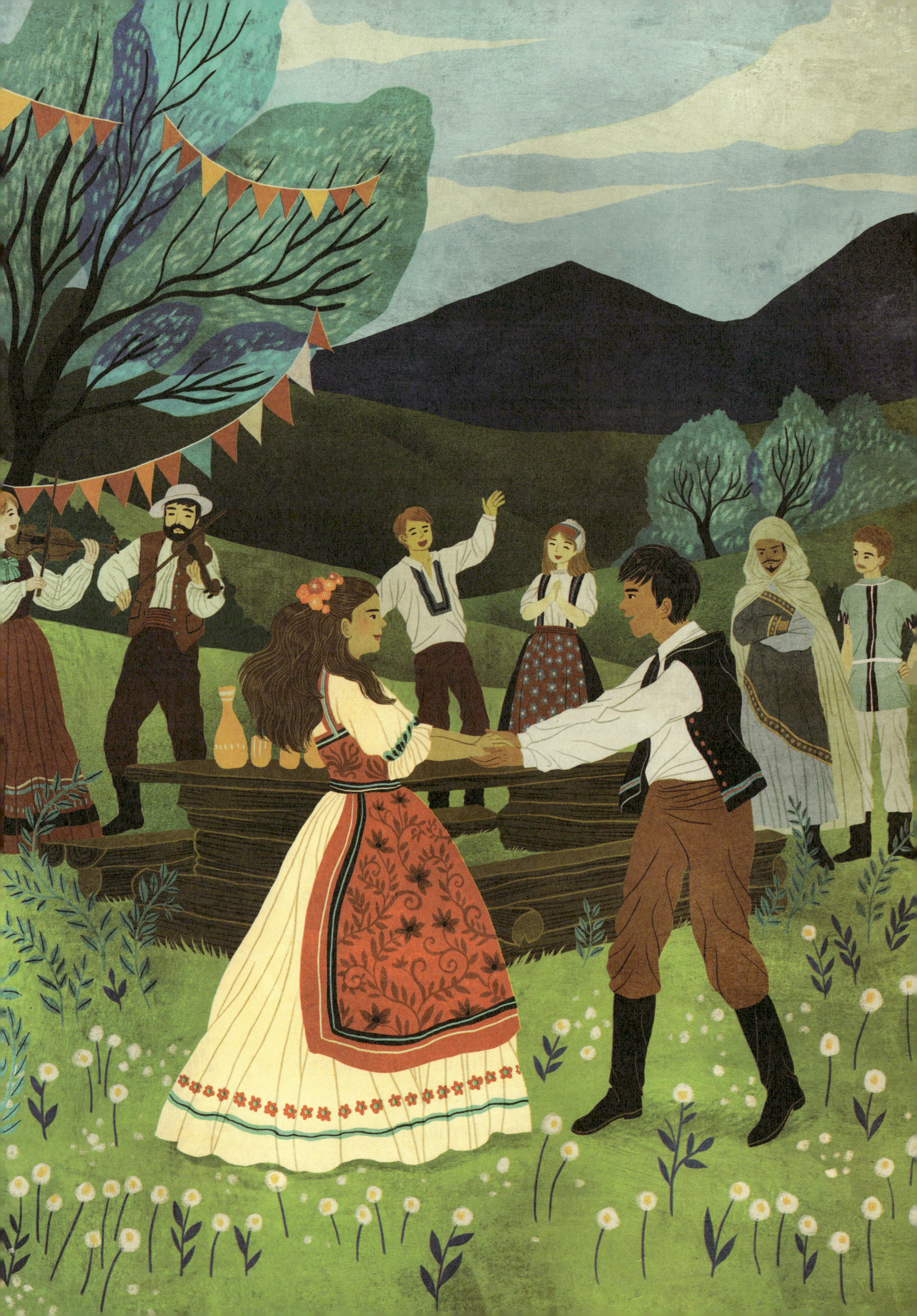

Por um momento tenso, Leontes franziu a sobrancelha para eles. Depois, ele riu com deleite.

- Vocês são muito bem-vindos! Eu ansiava por ser amigo dele novamente.

Com um ruído, o rei Polixenes, Camilo e o pastor Corim entraram na sala do trono.

- Pai?! - Florizel e Perdita exclamaram juntos.

- Leontes, não faça mal a meu filho. Ele não fez nada! - Polixenes exclamou.

- Seu filho? - Leontes piscou os olhos - ele disse que era um embaixador.

- Temíamos por nossas vidas - Florizel explicou - fugimos aqui para escapar da raiva de meu pai. Eu não queria ninguém ferindo Perdita.

- Mas, por que você fugiria de seu pai? - perguntou Leontes.

- Porque seu amor por Perdita é uma desgraça - disse Polixenes - você sabe que não permitiria que seu filho se casasse com uma camponesa.

- Não tenho mais nenhum filho com que me preocupar - disse Leontes, triste.

Naquele momento, Paulina entrou na sala do trono. Em um instante, ela viu o que todos na sala não haviam visto: que Perdita era a imagem cuspida do Rei Leontes e sua falecida rainha. Ela imediatamente caiu de joelhos diante de Perdita.

- Minha querida, você voltou para nós.

Perdita estava muito confusa.

- Levante-se, Paulina - disse Leontes - Perdita é uma camponesa da Boêmia.

- Boêmia! - Paulina começou a chorar e a abraçar Perdita.

- Ela é minha filha - explicou Corim - eu a encontrei em uma praia na Boêmia há 16 anos, e a criei desde então.

Paulina voltou-se para Leontes, ainda soluçando.

- Vossa Majestade, olhe para ela! Você não consegue ver a si mesmo e sua querida esposa em seu rosto doce? Há 16 anos, meu marido, Antigonus, levou sua filhinha para uma praia na Boêmia. Isto é um milagre. A princesa voltou!

Todos olharam entre Leontes e Perdita. Eles eram muito parecidos de fato. Finalmente, Leontes disse:

- Você está certa, Paulina!

A sala do trono explodiu de riso e felicidade. Leontes estava extasiado e abraçou sua filha de perto, prometendo a Corim riquezas além de seus sonhos mais loucos por cuidar de sua filha.

- Afinal, ela era uma princesa! - Polixenes riu, batendo nas costas de Florizel.

- Mas, eu o amo mais profundamente sabendo que ele teria se casado comigo quando eu era camponesa - disse Perdita.

- Quando você for casada, seremos todos família! - Leontes gritou, entusiasmado.

Paulina anunciou que a nova estátua de Hermione, que Leontes havia encomendado, estava pronta. Ela foi levada para a sala do trono e todos ofegaram.

- Ela se parece mesmo com ela - chorou Leontes - minha bela Hermione. É quase como se ela estivesse aqui novamente.

- Gostaria muito de ter conhecido minha mãe - suspirou Perdita.

- Vamos tocar a canção da rainha, em lembrança - anunciou Paulina.

Os músicos tocaram uma melodia doce e assombrosa. E diante de seus olhos, a estátua começou a se mover. Suas bochechas de mármore se tornaram macias e marrons e seus cabelos passaram de pedra pálida a mechas pretas brilhantes. Um momento depois, a própria Hermione ficou de pé diante deles, viva novamente.

- Meu amor, Hermione! Você voltou para nós - soluçou Leontes.

- Meu amor - disse Hermione, saindo da base e correndo para um abraço - nunca mais nos separaremos.

Leontes e Polixenes tinham aprendido sua lição. Eles juraram confiar sempre em seus entes queridos, não importando o que acontecesse. Juntos, eles viram Florizel e Perdita se casarem. Uma nova era de amizade entre seus reinos havia começado.

A Tempestade

Uma vez, há muitos anos, o rei Alonso de Nápoles estava numa viagem com o seu filho, Ferdinando. Trouxeram consigo muitos criados, bem como seu amigo, o Duque Antônio de Milão e Gonzalo, o seu cortesão.

O vento era forte, e eles estavam fazendo bons progressos, mas, depois, uma enorme tempestade os atingiu do nada. Foram atirados em enormes ondas e o seu navio foi despedaçado. Todas as pessoas ficaram agarradas à madeira à deriva, temendo por suas vidas.

As ondas levaram o Rei Alonso, o Duque Antônio e Gonzalo à costa de uma ilha exuberante, abalados, mas ilesos. Os homens agradeceram às suas estrelas da sorte por estarem a salvo, mas Alonso chorou pelo seu filho, o príncipe Ferdinando, que tinha se perdido no mar.

Eles acreditaram que a ilha estava deserta. Mal sabiam eles que três pares de olhos estavam atentos enquanto rastejavam pela praia arenosa. Um velho chamado Próspero, sua bela filha, Miranda, e o seu criado, um espírito de árvore chamado Ariel, estavam de pé no topo de um alto penhasco, observando os sobreviventes a vaguear até à costa.

- Então, há outras pessoas no mundo - Miranda respirou de espanto – eles estão aqui para nos fazer mal?

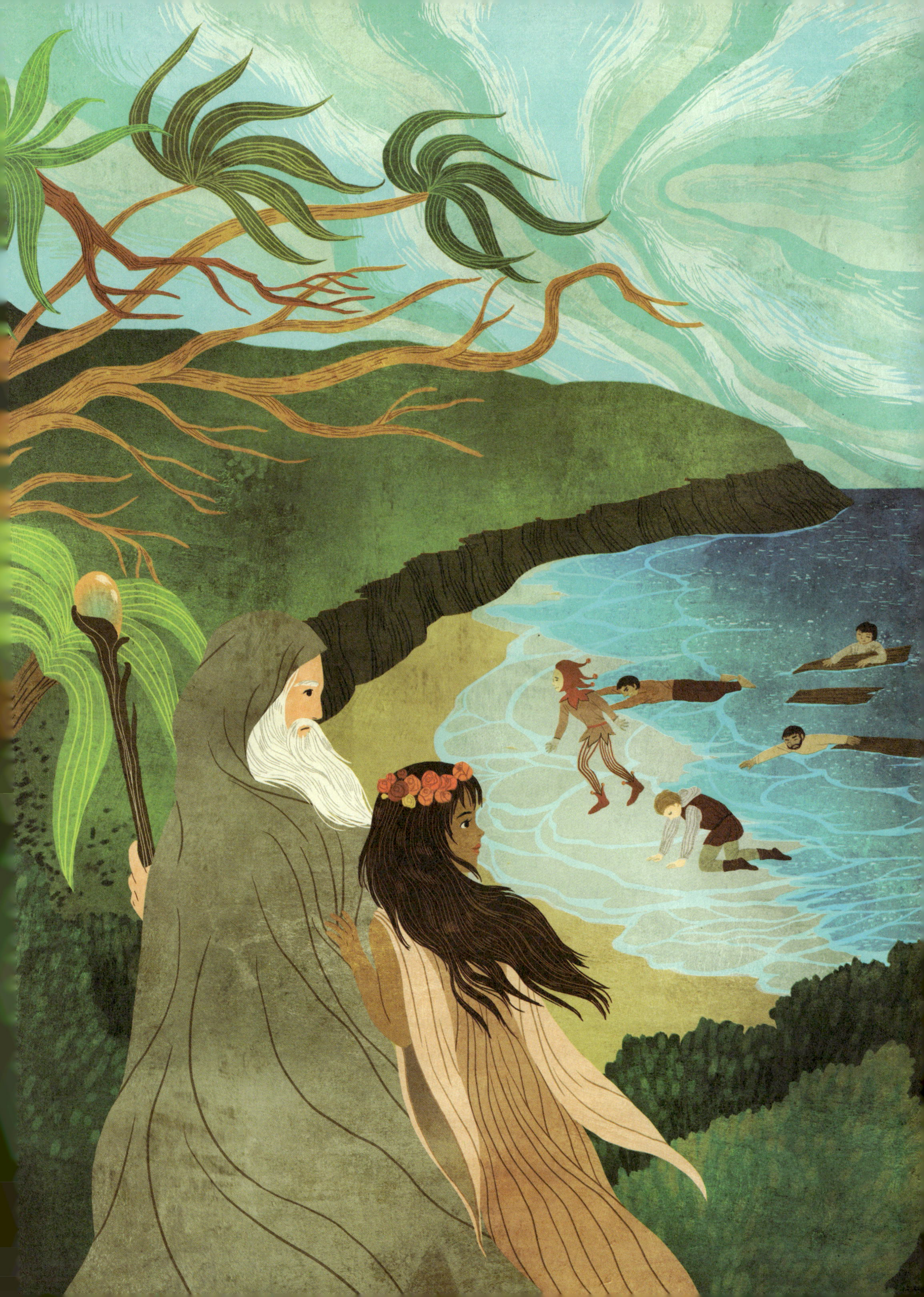

- Você não tem nada a temer - Próspero lhe assegurou - realmente conheço esses homens. Você era muito nova para se lembrar, mas antes de vivermos nesta ilha, eu era o Duque de Milão, que é uma cidade muito grande e famosa. Um dia, meu irmão, Antônio, decidiu que queria ser o duque em meu lugar. Ele contratou soldados armados para me matar. Aquele homem lá embaixo é Antônio - Próspero apontou para o enlameado duque.

Miranda arfou.

- Oh, que horrível! E se ele quisesse nos prejudicar novamente?

- Não se preocupe, minha querida - Próspero a acalmou - ele não tem ideia de que estamos aqui. Além disso, a maneira como escapamos da última vez foi com a ajuda de um bom homem chamado Gonzalo. Ele foi um dos meus cortesãos. Ele me ajudou a levar você e meus livros mágicos para um pequeno barco. Partimos e chegamos aqui, onde estamos desde então. É aquele homem lá embaixo - apontou ele - é o próprio Gonzalo.

Miranda se sentiu mais calma e decidiu dar um passeio. Quando ela partiu, Próspero e Ariel ficaram para ver os homens começarem a explorar a ilha.

- Você não disse a ela que foi você quem conjurou a tempestade que os trouxe até aqui - apontou Ariel.

- Não há necessidade de incomodá-la – disse Próspero, ela não entenderia por que quero vingança. Mas, eu a terei...

- E então, Mestre, será que me será concedida a liberdade? - perguntou Ariel.

Antes de Próspero ter chegado à ilha, Ariel tinha ficado preso dentro de uma árvore. A magia de Próspero o havia libertado do tronco da árvore, mas ele ficou magicamente preso a Próspero, como seu servo. Ariel ansiava por ser totalmente livre.

- Sim, uma vez que minha vingança esteja completa, então você será livre - prometeu Próspero - só preciso que você faça mais algumas coisas por mim primeiro.

Pouco tempo depois, em outra parte da ilha, o príncipe Ferdinando cambaleou em terra sozinho. Ele chamou por seu pai e seus companheiros, mas não houve resposta. Ele subiu a praia e entrou no espesso emaranhado de árvores adiante.

- Tem alguém aí? - ele chamou enquanto caminhava.

- Tem - respondeu uma voz. A menina mais bonita que ele já havia visto saiu de trás de uma árvore. Era Miranda.

- Você é uma visão! - Ferdinando se engasgou.

- Você é muito bonito - sussurrou Miranda.

- Está conversando com a minha filha - disse Próspero, aparecendo através do matagal - posso perguntar quem é você, jovem?

- Eu sou o Príncipe Ferdinando - respondeu ele - o meu navio naufragou, e eu nadei até aqui. Estava à procura do meu pai, o Rei, e dos nossos amigos.

- Pai, ele é perfeito! - disse Miranda.

- E eu também gosto de você - disse Ferdinando.

Próspero ficou secretamente satisfeito por Miranda gostar do príncipe, mas não tinha certeza se o príncipe era digno da sua filha. Ele o fez prisioneiro e o fez cortar lenha, para testá-lo.

Antes de Próspero e Miranda terem vindo para a ilha, o local tinha sido a casa de um homem selvagem chamado Caliban. Quando chegaram, Próspero o capturou e fez dele um servo. Caliban ressentiu-se amargamente de Próspero e estava sempre à procura de uma forma de se libertar e de ter a sua vingança.

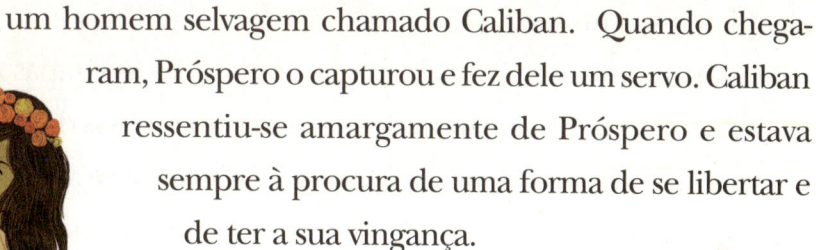

Caliban vagueava por uma parte rochosa da costa, resmungando consigo próprio por causa de Próspero, quando se deparou com duas figuras de fora a lutar. Era Trinculo, um bobo tímido da corte, e Estéfano, um mordomo. Os três homens rapidamente descobriram que tinham muito em comum. Todos eram criados e nenhum deles gostava particularmente dos seus senhores.

Ariel ouviu as suas vozes do outro lado da ilha e veio apressado para ver o que se passava. Tornou-se invisível e viu como os três concordaram que podiam fazer um melhor trabalho de gerir as coisas do que os seus senhores.

Caliban e Trinculo concordaram que podiam ficar todos juntos na ilha e fazer de Estéfano o seu líder. Mas, antes, precisavam matar Próspero.

Ariel apressou-se a regressar a Próspero para lhe dizer o que tinha acabado de ouvir.

- Bem, este é, de fato, um dia atarefado - exclamou Próspero - minha filha quer se casar, estou prestes a vingar-me do meu irmão malvado, e agora o meu criado decidiu matar-me.

- O que devemos fazer, Mestre? - perguntou Ariel.

Próspero sentou-se.

- Sabe, Ariel, as pessoas pensam que governar é apenas ter o seu próprio caminho o tempo todo. Mas, não é, é um trabalho duro, cheio de escolhas difíceis. Caliban e os seus amigos não estão pensando no trabalho árduo. Estão pensando em mandar nas pessoas e em usar roupas finas. Aposto que uma roupa fina será suficiente para os distrair da sua missão.

Assim, Próspero e Ariel encontraram todas as roupas mais brilhantes e finas que puderam. Eles transformaram algumas das velhas coisas de Próspero com magia e tiraram outras roupas do baú do rei, que tinha sido levado até a costa. Depois, penduraram-nas na floresta, perto da casa de Próspero, e esconderam-se para esperar.

Rapidamente, Caliban, Trinculo e Estéfano vieram vagando através das árvores. O plano funcionou perfeitamente. Caliban avistou um lenço amarelo brilhante e o puxou para baixo. Trinculo selecionou um chapéu fino. Estéfano manteve sua mente na missão por mais algum tempo, até que o seu olhar foi apanhado por uma camisa extravagante. Enquanto estavam distraídos, Ariel estalou seus dedos e dezenas de espíritos em forma de cães saltaram do matagal e expulsaram os três homens.

Próspero e Ariel riram-se à medida que corriam.

- Vê, Ariel? - disse Próspero - a finura era o que eles realmente queriam. Agora - ele bateu suas mãos - está na hora de falar a todos os nossos convidados. Por favor, tragam todos até mim!

Ariel voou por toda a ilha, trazendo todos os náufragos, bem como Miranda e Caliban para a casa da floresta de Próspero. O rei Alonso ficou encantado por ver seu filho novamente, e satisfeito por conhecer a bela jovem por quem estava apaixonado. Gonzalo e Próspero tiveram uma reunião feliz, enquanto Antônio olhava com raiva.

Próspero ergueu uma mão para o silêncio.

- Hoje cedo, muitos de vocês foram naufragados nesta ilha. Eu próprio conjurei a tempestade para trazer todos aqui. Pois eu sou Próspero, o velho Duque de Milão e desejava vingar-me do meu irmão, Antônio, por ter roubado a minha posição.

Muitos dos náufragos arfaram em estado de choque.

- Sempre ouvi dizer que desapareceu misteriosamente - disse o rei Alonso - não fazia ideia de que Antônio o tinha feito! Que vergonha!

Antônio ficou amuado.

Próspero sorriu para o Rei.

- Obrigado, Vossa Majestade. Mas, agora que vejo Antônio, sei que, afinal, não preciso me vingar. O seu cabelo é branco antes do seu tempo, o seu rosto está enrugado. Suas olheiras dizem-me que ele não dorme bem à noite. As preocupações e exigências de governante de Milão castigaram-no melhor do que alguma vez pude. Diga-me, Caliban, você e os seus amigos ainda querem governar a ilha?

Caliban, Trínculo e Estéfano rapidamente balançaram suas cabeças.

- A minha única outra razão para querer vingança foi pela vida desperdiçada de minha pobre filha, Miranda - Próspero continuou - ela cresceu nesta ilha solitária e não queria que ficasse aqui presa para sempre. Mas, agora, ela conheceu o príncipe Ferdinando e eles estão apaixonados. Miranda, minha querida, dou-lhe a minha bênção. Pode se casar com ele.

- Oh pai! - Miranda apressou-se a dar um grande abraço em Próspero antes de abraçar o Príncipe Ferdinando.

O Príncipe Ferdinando deixou cair o feixe de madeira que tinha cortado.

- Graças a Deus por isso!

Naquele momento, dois marinheiros chegaram até a multidão.

- Outro navio está aqui para nos levar para casa! - gritaram eles.

Todos começaram a dirigir-se para o navio, exceto Próspero. Miranda fez uma pausa e pediu ao seu pai para vir também.

Próspero balançou a cabeça.

- O meu trabalho no mundo está feito, minha querida. Vou desistir da minha magia e viver em silêncio nesta pequena ilha para o resto dos meus dias.

Ariel apareceu.

- Mestre, antes de desistir da sua magia, prometeu que eu seria livre.

- De fato, eu fiz - concordou Próspero. Ele levantou o seu bastão e um brilho cercou Ariel. Todos observavam maravilhados enquanto Ariel flutuava para o ar. Quando ele flutuou novamente para baixo e o brilho desvaneceu-se, não parecia diferente, exceto pelo enorme sorriso em seu rosto.

- Vai embora agora? - perguntou Próspero.

Ariel balançou a cabeça.

- Não, gostaria de ficar ao seu lado, como amigos.

Assim, Próspero e Ariel viveram os seus dias em paz. Miranda casou-se com o Príncipe Ferdinando e quando chegou a sua hora de governar, nunca esqueceram os conselhos sábios de Próspero.

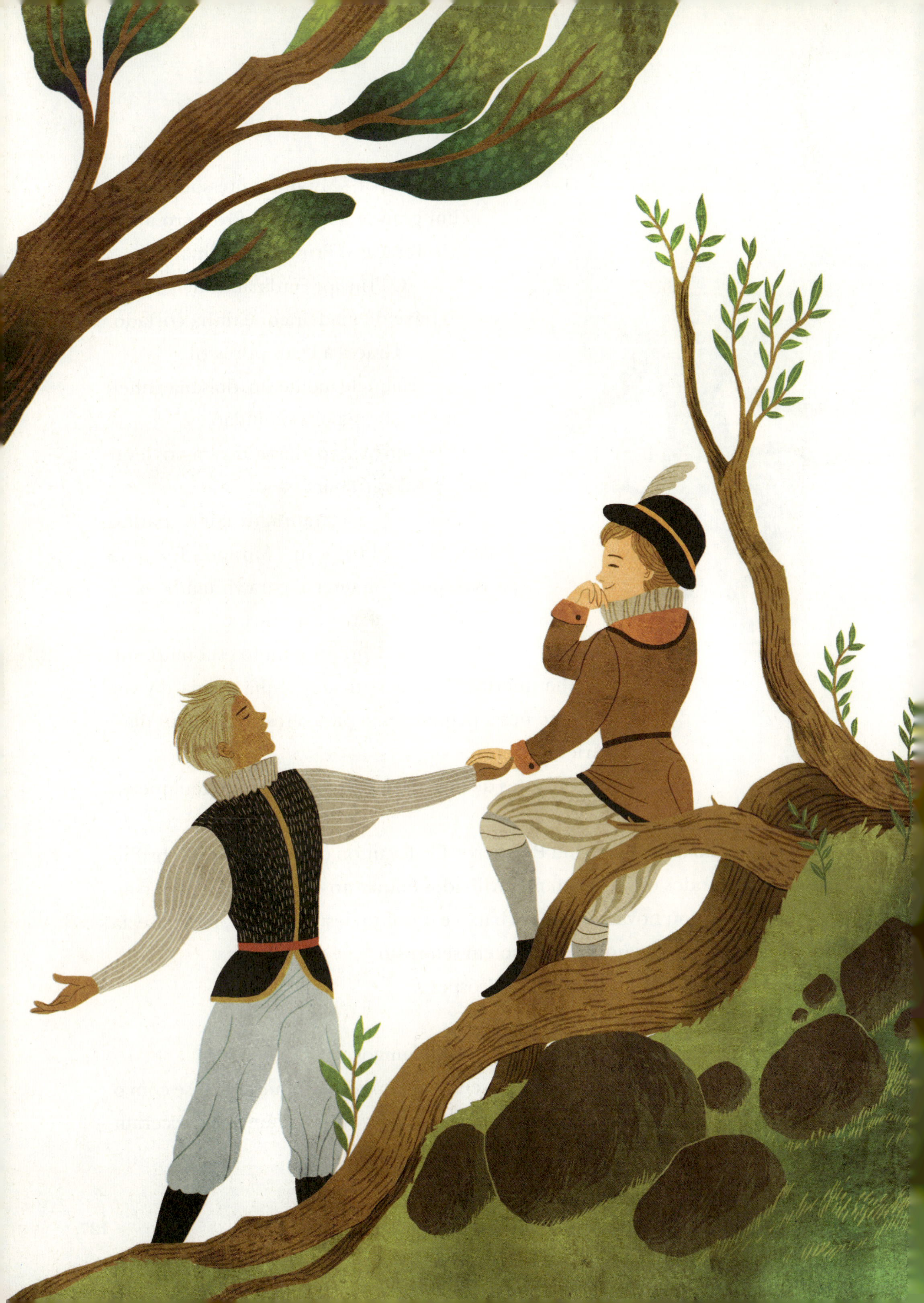